三国史话

吕思勉 著

人民文学出版社
PEOPLE'S LITERATURE PUBLISHING HOUSE

图书在版编目(CIP)数据

三国史话/吕思勉著. —北京:人民文学出版社,
2018(2024.5 重印)
ISBN 978-7-02-014014-5

Ⅰ.①三… Ⅱ.①吕… Ⅲ.①中国历史-三国时代-
通俗读物 Ⅳ.①K236.09

中国版本图书馆 CIP 数据核字(2018)第 062201 号

责任编辑 **朱卫净　邱小群**
封面设计 **钱　珺**

出版发行 **人民文学出版社**
社　　址 **北京市朝内大街 166 号**
邮政编码 **100705**

印　　制 **山东临沂新华印刷物流集团有限责任公司**
经　　销 **全国新华书店等**

字　　数 **130 千字**
开　　本 **890 毫米×1240 毫米　1/32**
印　　张 **6.125**
版　　次 **2018 年 11 月北京第 1 版**
印　　次 **2024 年 5 月第 3 次印刷**

书　　号 **978-7-02-014014-5**
定　　价 **35.00 元**

如有印装质量问题,请与本社图书销售中心调换。电话:010-65233595

出版说明

吕思勉先生是现代中国四大史学家之一，其行文习惯和用词可能与当下的规范不一致，为尊重历史原貌，一般不作改动。

目录

附　录

楔 子

斜阳古柳赵家庄，
负鼓盲翁正作场。
死后是非谁管得？
满村听说蔡中郎。

这是宋朝陆放翁先生的诗，所说的，便是现在的说书。说书虽然是口中的事，然到后来，将说书的人所用的底本，加以润饰以供众览，就成为现在的平话了。平话俗称小说，亦谓之闲书。虽然是用以消闲的，然而人们的知识得自此中的，实在不少。

现在中国的书籍，行销最广的，是《三国演义》。据书业中人说：他的销数，年年是各种书籍中的第一。这部书有些地方，渲染得很有文学意味，如赤壁之战前后便是；有些地方，却全是质实的记事，简直和正书差不多。这就显见得其前身系说书的底本。说得多的地方，穿插改造得多了；说得少的地方，却依然如故。

我在学校中教授历史多年。当学校招考新生以及近年来会考时看过的历史试卷不少。有些成绩低劣的，真“不知汉祖唐宗，是哪一朝皇帝”。然而问及三国史事，却很少荒谬绝伦的。这无疑是受《三国演义》的影响。他们未必个个人自己读，然而这种知识，在社会上普遍了，人们得着的机会就多，远较学校的教授和窗下的阅读为有力。这可见通俗教育和社会关系的密切。

老先生们估量人们知识的深浅，往往以知道的、记得的事情多少为标准。讲历史，自然尤其是如此。但无意义的事实，知道了，记得了，有什么用处呢？尤其是观点误谬的，知道了，记得了，不徒无益，而又有害。而且平心论之，也不能算知道史事。因为历史上的事实，所传的，总不过一个外形，有时连外形都靠不住，全靠我们根据事理去推测他、考证他、解释他。观点一误，就如戴黄眼镜的，看一切物皆黄，戴绿眼镜的，看一切物皆绿了。我们在社会上，遇见一个人、一件事，明明是好的，却误把恶意猜测他，就会觉得处处可疑；明明是坏的，却误当他好的，也会觉得他诚实可靠。历史上的事情，又何尝不是如此？

从前论史的人，多说史事是前车之鉴。其意以为一件事办好了，我们就当取以为法，摹仿他；一件事办坏了，我们就当引以为戒，不可再蹈其覆辙。这话很易为人们所赞许，其实似是而非的。史事哪有真相同的？我们所谓相同，都不过察之不精，误以不同为同罢了。事情既实不相同，如何能用同一的方法对付？别的事情姑弗论，在欧人东来之初，我们所以对付他的，何尝不根据旧有的知识？所谓旧有的知识，何尝不是从历史经验而来？其结果却是如何呢？

真正硬摹仿古人的自然不多，就是事实也不容你如此。然而人的知识，总是他所知道的、记得的事情铸造成功的。知道的、记得的事情一误谬，其知识自然随之而误谬了。所以我们现在研究历史，倒还不重在知道的、记得的事情的多少，而尤重在矫正从前观点的误谬。矫正从前观点的误谬，自然是就人所熟悉的事情，加以讲论，要容易明白些，有兴味些。

三国时代，既然是人们所最熟悉的，就此加以讲论，自然最为相宜。所以我想就这一段史事，略加说述，或者纠正从前的误谬，或者陈述一些前人所忽略的事情。以我学问的荒疏，见解的浅陋，自不免为大方所笑，我只是一点抛砖引玉的意思，希望以后人们能注意到这一方面的渐多，亦希望人们就我所说的赐与教正。

宦　官

讲起三国的纷争来，大家都知道其乱源起于后汉。后汉末年为什么会乱呢？大家都知道其根源是灵帝的宠信十常侍，因此而政治紊乱，引起黄巾的造反。因黄巾的造反，而引起刘备和孙坚的起兵。又因灵帝死后，少帝即位，国舅何进要诛戮宦官，而引起董卓的进京。因董卓的进京，而引起废立之事，又因此而引起袁绍、曹操等纷纷起兵讨卓，天下就从此分裂了。然则后汉的祸源，最大的便是十常侍，这还是人谋之不臧。写《三国演义》的人，说什么“天下大势，分久必合，合久必分”，好像有什么定数似的，恐怕未必其然了。然则宦官究竟是怎样一种人呢？历来读史的人，怕知道宦官之为害者多，知道宦官的来源者少。我不妨借此机会，和诸君谈谈。

所谓宦者，大家都知道是曾经阉割的人。近代的俗语，亦称为太监。那是因为在明朝，他们所做的官，有二十四个，都称为某某监之故，这是不难解的。然则何以又称为宦者呢？在后汉时代，这一种人，威权很大，败坏政治很利害，所以写《后汉书》的人特地替这一班人做了一篇传，名为《宦者列传》。《宦者列传·序》里说："中兴之初，宦者悉用阉人。"这句话，和我们通常的见解有些不符。通常的见解，都以为宦官就是阉人，现在却说光武中兴之后，宦官才全用阉人，那么，自此以前，宦官就并非阉人了。所以有人疑心这"宦"字是错的，说当作"内"字。然而他这句话，实在是错的。

宦字的意思，本来并非指阉割。而宦官二字，亦本非指阉割的人所做的官。

我们所谓五经，中间有一部唤做《礼记》。《礼记》的第一篇是《曲礼》，《曲礼》里有一句："宦学事师，非礼不亲。"学就是进学校，宦是什么呢？

须知道古代所谓学校，和现代全然不同。现代的学校，必须要传授些知识技能，古代的学校则全无此事。古代的学校亦分为大学小学，所谓小学，只是教授一些传统的做人道理以及日常生活间的礼节，如洒扫应对进退之类。又或极粗浅的常识，如数目字和东西南北等名称之类。根本说不上知识，更无实际应用的技能。

至于大学，其中颇有些高深的哲学，然而宗教的意味是很浓厚的。《礼记》里又有一篇，唤做《文王世子》。《文王世子》说：当时大学中所教的，是诗、书、礼、乐。这并不是现在的《诗经》《书经》《礼记》等。须知古代的人研究学问的很少，而古人的迷信，却较后世人为深。当时的人对于一切问题的解释，都含有迷信的意味。所以在后世，学术和宗教是分离的，在古代则是合一的。所以古代的学问只存于教会之中，而教育权也操在教会手里。古代教会中非无较高深的学问，然总不能全脱离宗教的意味。至于实用的知识技能，则是他们所看轻的，学校里并不传授。所谓诗、书、礼、乐：礼即宗教中所行的礼，乐即宗教中所用的乐，诗就是乐的歌辞，书大约是宗教中的记录。在古代，历史和宗教中的经典，也是分不开的。印度和西藏都是如此。古代学校中有所谓养老之礼，其仪式非常隆重。天子对于所养的老人，要自己割好了肉，捧着酱送去请他吃。吃了，还要自己斟酒，给他漱口，就因为他是一个宗教中的长老，与不带迷信色彩的师长不同。《礼记》上还有一篇，唤做《王制》。《王制》里有一句说："出征执有罪，反释奠于学。"释奠是一种祭祀之名。发兵出去，打了胜仗，回来却在学校里去举行祭礼，就可见古代学校不是一个学术机关，而其宗教意味极为浓厚了。古书上说学校制度的地方很多，不能全说他是子虚乌有，然而从没见古书上记载一个人在学校里学到了什么知识技能，就是为此。

然则古人没有应用的知识技能么？不然。我们知道：所谓三代之世，已有较高度的文明，其时有许多事情，已非有专门知识技能不能办，就是现在所传的几部先秦子书，其中包含专门的知识技能也颇多，不能说全是后人伪造的。然则古人的知识技能，从哪里来的呢？这就是从宦之中得来。

古人解释宦字，有的说是学，有的说是仕；的确，这二者就是一事。因为在古代，有些专门的知识技能，就是在办理那件事的机关里，且办事且学习而得的，从其办事的一方面说，就是仕；

从其学习的一方面说，就是学。

读者诸君，总还有读过《论语》的，《论语》的《先进篇》有一段，说："子路使子羔为费宰。子曰：'贼夫人之子。'子路曰：'有民人焉，有社稷焉。何必读书，然后为学？'"子路再鲁莽些，也不会主张人不学就可以办事。子路只是看重且办事且练习，而反对不能直接应用的知识，和现在的人看重应用技术，而藐视高深学理一般。这就是重视宦而轻视学。汉时皇室的藏书，由刘向和他的儿子刘歆编成一部书目，谓之《七略》。班固《汉书》的《艺文志》，大部分就是抄录他的。他对于每一类的书，都有推论这种学问从何发源及其得失的话。其论先秦诸子之学，都以为是出于一种官署，就是为此。然则宦就是在机关中学习做公务员。公务员中，自然有出类拔萃，有学术思想的，就根据经验，渐渐地成立一种学术了。

话越说越远了，这和后世所谓太监者何干呢？不错，听我道来。刚才所说的，只是宦的正格。譬如现在机关中正式办理公务的公务员。现在机关中不有名为公务员，而实在无事可办，或者只是替长官办理私事的么？在古代亦何尝不是如此。所以秦始皇少年时，有一个人唤做嫪毐的，和他的母亲奸通了，嫪毐自然阔起来了，于是"诸客求宦为嫪毐舍人千余人"。这句话，见于《史记》的《吕不韦列传》里。这所谓宦，哪里是在什么机关里学习什么公务？不过在他家里做他的门客罢了，所以要称为舍人。

嫪毐的舍人固然极一时之盛，然而古代的贵族，决不止嫪毐一个人有舍人。这种在贵族家里做舍人的，都谓之为宦。所以"宦"字又有一个训释是"养"。"养"字可从两方面解释。他们是他们主人的食客，是他们的主人养活他的，所以谓之养。亦可以说：他们是以奉养他们的主人为职务的，所以谓之养。

此等门客，皇帝名下自然也是有的，这便是所谓宦官。中常侍即宦官之一。在前汉时，并不一定都用阉割过的人，到后汉光武帝之后，才专用此等人。所以《后汉书·宦者列传·序》要说：中兴之初，宦官悉用阉人了。

然则阉割的人是从哪里来的呢？说到这里，又有一件有趣味而且又有些意义的事情。诸位知道刑字是怎样讲的呢？在下发这个问，逆料诸位一定会说：刑字不过是惩罚的意思，所以把人拘禁起来，剥夺其自由，也是刑的一种。然而古代的刑字，却不是这样讲的。在古代，必须用兵器伤害人的身体，使之成为不能恢复的创伤，然后可以谓之刑。

“十三经”里，有一部书，唤做《周礼》。《周礼》全是记古代所设的官及各官的职守的。其体例，极似明清时的《会典》。须知《会典》原是依据《周礼》的体例编成的。不但《会典》的体例是摹仿《周礼》，就是隋唐以后的官制，其大纲也是摹仿《周礼》制定的。《周礼》有天、地、春、夏、秋、冬六官，后世就摹仿之而设吏、户、礼、兵、刑、工六部。《周礼》的地官司徒，就是后世的户部，是管理人民的。治理地方的官，都属司徒管辖。他们都可以治理狱讼。狱便是现在所谓刑事，讼便是现在所谓民事。然而他们所用的惩罚，只能到拘禁和罚作苦工为止。如要用兵器伤害人的身体，那是要移交司寇办理的，司寇便是后世的刑部，其长官称为司寇，寇是外来的敌人。听讼之官谓之士，其长官谓之士师，师字的意义是长，士师就是士的长，士则本是战士的意思。

然则古代用兵器伤害人的肉体，使其蒙不可恢复的创伤，其根本，实在是从战争来的，不是施之俘虏，就是施之内奸。后来社会的矛盾渐渐深刻了，才有以此等惩罚施之于本族，用之于平时的。然而管理本族人民的机关里，还是不能用。这一因其为习惯之所无，一亦因此等施刑的器具及其技术，本非治理本族的机关里所有，所以非把他移交到别一种机关里不可。把现在的事情比附起来，就是从司法机关移交军法审判了。

古代有所谓五刑，都是伤害人的肉体的，便是墨、劓、剕、宫、大辟。墨是在脸上刺字；劓是割去鼻子；剕亦作膑，是截去足指；宫，男子是阉割，女子是把她关闭起来；大辟是杀头，这是伤害人的生命的，和墨、劓、剕、宫又有不同，所以又称为大刑。五刑对于男子，都是伤害身体的，独宫刑对于女子不然，不过是拘禁。这亦可见伤害肉体之刑，原起于军事，因为在军事中，女子倘或做人俘虏，战胜的人还要用来满足性欲，所以不肯施以阉割，于是自古相传阉割之刑，只对于男子有之。到后来，要将此刑施于女子，就只得代以不伤肉体的拘禁了。

伤害身体的刑罚，最初只施诸异族，或者内奸。所以较古的法子，是“公家不畜刑人，大夫不养”。这话亦见在《礼记·王制》上。因为俘虏原来是敌人，内奸是投降异族的，也和敌人一样，怕他们报仇之故。到后来伤害身体的刑罚，渐渐地施诸本族了，于是受过刑罚的人，其性质的可怕，就不如前此之甚，因此，就要使他们做些事情。《周礼》这一部书，从前有人说它是周公所做的，这是胡说。这部书所采取的，大概是东周以后的制度，时代较晚，所以受过各种刑罚的人，都有事情可做。而其中受过宫刑的人所做的事情是“守内”。因为古代的贵族，生怕他的妻妾和人家私通，所以在内室里要用阉割过的人。

到后来，就有一种极下贱的人，虽未受过宫刑，而希望到贵族的内室里去服役，就自行阉割，以为进身之阶了。宫刑，当隋文帝时业已废除。自此以后，做内监的人，都是自行阉割的。汉时虽还有宫刑，然据《后汉书·宦者列传·序》里说，当时的宦者，亦以自行阉割进身的为多。后汉时的宦官，即专用此种人。自此以后，宦官二字，遂成为此种人的专称，失其本义了。

皇帝为什么会相信宦官呢？在历史上，有少数是因其性多疑忌，以为朝臣都要结党营私，只有宦官，是关闭在宫里，少和外人交接，结党要难些，而且宦官是没有家室的，营私之念也要淡些，所以相信他的。

然而这只是极少数。须知古来的皇帝，昏愚的多，贤明的少。这也并不是历代的皇帝生来就昏愚。因为人的知识，总是从受教育得来的。这所谓教育，并非指狭义的学校中的教育，乃是指一切环境足以使我们受其影响的。如此说来，皇帝所受的教育，可谓特别坏。因为他终年关闭于深宫之中，寻常人所接触到、足以增益知识的事情，他都接触不到。所以皇帝若是一个上知，也仅能成为中人；如其本系中人，就不免成为下驷了。

皇帝是一个最大的纨绔子弟，要知道皇帝的性质，只要就纨绔子弟加以观察，就可以做推想的根基了。纨绔子弟不是有的不肯和上等人交接，而专喜和奴仆攀谈，且专听奴仆的话么？这是因为他们的知识，只够听奴仆的话，而且只有奴仆，本无身份，亦无骨气，所以肯倾身奉承他们。历代皇帝的喜欢宦官，其原因亦不过如此。但是有等人，因其所处地位的重要，其所做的事，往往会闯出大乱子来。譬如在前清末年，慈禧太后和光绪皇帝不和，这种情况若在民间，也闯不出多大的乱子。母子不和之事，我们在社会上亦是时时看到的。然在皇室之中，就因此而酿成“戊戌政变”“庚子拳乱”种种关系大局之事了。历代皇帝喜欢宦官，所以酿成大患，其原理亦不外此。

外　戚

宦官是后汉的乱源，这是个个人都知道的了，却不知道后汉还有一个乱源，那便是所谓外戚。什么叫做外戚呢？外戚便是皇帝的亲戚，俗话谓之国戚。其实这是不通的。皇帝是皇帝，国家是国家，如何好并做一谈呢？但是君主专制时代的人，对于这个区别是不甚清楚的。所以皇帝的舅舅，就唤做国舅。

读者诸君，不还记得《三国演义》上，有“何国舅谋诛宦竖”一回么？何国舅便是何进，他是后汉少帝的舅舅。少帝名辩，是灵帝的儿子，正宫皇后何氏所生。灵帝不喜欢他，而喜欢后宫美人王氏所生的儿子，名唤协。不立正宫皇后的儿子做太子，却立后宫美人的儿子，在君主时代唤做“废嫡立庶”，是违反习惯的，不免引起朝臣的谏阻，招致全国的批评，所以灵帝迟迟未能举行。后来却一病死了。

据历史上说，灵帝是把后事嘱托宦者蹇硕，叫他拥立协做皇帝的。当灵帝死的前一年，曾设立八个校尉。校尉是汉朝直接带兵最高的官，就像现在的师长一般。凡校尉手下，都是有兵的。再高于校尉的将军，却像现在的军长一般，手下不一定有兵了。当时设立八校尉，其中第一个便是蹇硕。其余七个校尉，袁绍、曹操，还有后来属于袁绍、乌巢劫粮时为曹操所杀的淳于琼，都在其中。历史上说其余七校尉，都统于蹇硕。大约蹇硕是八校尉中的首席。以一校尉而兼统七校尉，其实权就像将军一般，不过没有将军的名目罢了。大概因为他是宦官，不好加他以将军的称号罢。然而其实权的不小，却可想见了。当时到底是灵帝因为他有兵权，把废嫡立庶的事嘱托他？还是他因兵权在手，生出野心，想要废嫡立庶，诈称有灵帝遗命？我们现在也无从断定。

须知历史上这类不知真相、难以断定的事实，正多着呢。灵帝未曾废嫡立庶，灵帝死后，一个宦官却出来干这件事，无论其立心如何，在法律上总是毫无根据的，非靠实力不能解决。蹇硕虽是八校尉的首席，其余七校尉未必肯听他的命令。而且八校尉只是新设的兵。在京城里还有旧有的兵呢。旧有的兵属谁？那何进在名义上是大将军，一切兵都该听他的调遣的。汉朝离封建时代近，大家都有尊重贵族之心。国舅是贵族，容易得人拥护。宦者却是刑余贱人，大家瞧不起的，无人肯听他的命令。所以蹇硕在当时，要废辩而立协，名义上既觉得不顺，实力上，倘使为堂堂正正的争斗，亦决不能与何进敌，只有运用手段，把何进骗进宫里去杀掉之一法。在宫外是大将军的势力大，在宫内却是宦官的势力大，宫禁是皇帝所在，攻皇宫就有造反的嫌疑，这件事无人敢轻易做。蹇硕在当时，倘使真能把何进骗进宫杀掉，他的希望，倒也或许可以达到，至少是暂时可以达到的。苦于何进也知道他的阴谋，不肯进宫，蹇硕无法，只得听凭辩即皇帝位。此即所谓少帝。蹇硕既未能废立，就不过是一个宦者，他手下的兵，是既不足以作乱，也不能拥以自固的，就给何进拿下监，治以死罪。

当后汉时，宦官作威作福，天下的人民恨极了。当时的士大夫也都痛恨他。这时候，要诛戮宦官的空气，自然极其浓厚。何进便想把专权得宠的宦官，一概除尽。然而宦官和太后是接近的，天天向太后诉苦。女人家的耳根是软的。听了他们的话，就不肯听从何进的主张。何进无法，乃想调外边的兵进京来威吓太后。这样一来，宦官知道事机危急，乃诈传太后的诏旨，叫何进入宫。何进想不到这时候的宫内还会有变故，轻率进去，竟给宦官杀掉。宦官此等举动，不知道是以为无人敢犯皇宫呢？还是急不暇择，并未考虑？总之，在此种情势之下，还要希望人家不敢侵犯皇宫，就没有这回事了。这时候，袁绍的堂兄弟袁术，正受何进之命，选了两百个兵，要去代宦官守卫宫禁。听得这个消息，就去火烧宫门，攻击宦官，宦官如何能抵敌？只得挟持少帝，逃到黄河边上的小平津。有的为追兵所杀，有的自己投河而死在京城里。那袁绍此时，正做司隶校尉，是京城里管缉捕督察的官，把他（们）尽数搜杀。

宦官到此，算（被）一网打尽，然而西凉将董卓，亦因应何进之召，适于此时入京。西凉的兵是强的。董卓又是个粗暴的人，敢于妄作妄为。进京之后，便专擅朝权。把少帝废掉，而立协为皇帝，这个就是汉献帝。于是袁绍逃到东方。东方的州郡，纷纷起兵，讨伐董卓。董卓就把洛阳烧毁掉，逃到西京长安。东方起兵的人，并无意于讨伐董卓，各自占据地盘，互相争夺，天下就从此分裂了。

追源祸始，宦官固然不好，外戚也不是好东西。因为外戚不好，后汉的皇帝总和宦官合谋诛戮他，宦官因此才得专权，而和外戚亦遂成为不两立之势。积聚了许多次的冲突，最后一次，到底撞出很大的乱子来，其事就不可收拾了。所以外戚也不能不算是后汉的一个乱源。然则外戚到底是什么东西呢?

我们现在，亲戚二字是指异姓而言，古代却不然。戚字只是亲字的意思。凡是和我们有血统上的关系的，都谓之戚。我们的血统是有父母两方面的。父亲的父母和母亲的父母，父亲的兄弟姊妹和母亲的兄弟姊妹，和我们的关系，正是一样，夫妻之间，妻对于夫之父母，和夫对于妻之父母，其关系也是一样的。但是从父系家庭成立以来，父亲一方面的亲属和我们是一家人，母亲一方面的亲属却是两家人。夫妻之间，妻是住在夫的家庭之内的，夫的家就是妻的家，妻的家却不是夫的家。凡在家庭团体以外的人，古人都于其称谓之上，加一个外字，以示区别。所以母亲的家庭，称为外家。母亲的父母亲，称为外祖父母。妻称夫的父母为舅姑，夫却称妻之父母为外舅外姑。外戚二字，正是一个意义，就是指不是一家的亲属。单用一个戚字，或用亲戚两字，则是指一个家族以内的亲属的。

古人对于血统有关系的人，亲情特别厚，后世的人却淡薄了。世人都说：这是古代的人情厚，后世的人情薄。其实不然。亲密的感情，是从共同生活而来的。所谓生活的共同，并不限于财产相共。凡一切事实上的关系都是。如几个人共同经营一件事业，共同研究一种学问，都是生活有关系。所以现在同事或同学之间，感情会特别亲厚。人类的团体，其范围是愈扩愈大的。所以愈扩愈大，则其根源是经济上的分工合作。譬如现在，上海木匠所用的材料，或者是江西、湖南等省贩来的，或者是外国贩来的。如此，上海的木材行，就不能不和江西、湖南等省的人有关系，甚而至于不能不和外国人有关系。各省或各国的人都可以做起同事来。既利害相同，又时时互相接触，彼此之间，自然容易互相了解，而其感情自然也易于浓厚了。这是举一事为例，其余一切都是如此的。古人则不然。其时交通不便，这一个部族和那一个部族，往往不相往来。事实上有关系和互相接触的，都限于部族以内。亲厚的感情，自然也限于部族以内了。古代同部族之中，大抵是血缘有关系的人。后人不知道其感情的亲厚，由于当时人的生活局促于部族之内，误以为血缘有关系的人，其感情自然会特别亲厚。遂以为血缘有关系的人，其间另有一种天性存在，这真是倒果为因。假如血缘有关系的人，其间自然而然会有一种天性存在，那么，把小孩从小送入育婴堂里，为什么长大后，不会自然认得其父母呢？所以现在伦理上所谓天性，无不是事实所造成，根本没有一件是生来就有的性质。读者诸君一定要驳我，说别种性质都可以说是事实造成的，母爱怕不能这么说罢？不然，最初的人类如何能绵延到如今呢？当时是没有所谓社会习染的，最初的母亲，如何会自动抚育其子女呢？要问这句话，只要请你就动物试验试验。假如你家里有雌猫，当它生小猫的时候，你试把它自己所生的取掉，换几只别一只猫所生的小猫给它，它一样会把乳给它吃的。可见母猫的哺乳小猫，只是满足它自己的哺乳欲，哺乳欲是并不限于自己所生的幼儿的。人类远古的母亲怕也是如此。以当时人类能力的薄弱，倘使个个母亲都只肯抚育自己所生的子女，那怕人类真不会绵延至于今日了。然而人类这一类倒果为因的误解，是非常之多的。既误以为血缘相近的人，其间有一种特别的天性，就以为血缘相亲近的人，在伦理上应当特别亲厚，于是有国有家的人，也就要特别任用自己的亲戚了。

亲戚分为两种：一种是父系时代自己家里的人，后世谓之宗室。一种是母亲家里或者妻子家里的人，后世谓之外戚。

伦理上的训条只是一句空话。到实际上的利害和伦理上的训条相冲突的时候，普通人是不会遵守训条、不顾利害的。所以古人误以为宗室外戚和自己特别亲厚，而把他们封了许多国，到后来，其冲突就起于宗室和外戚之间。因为并吞人家的国，利益就大，也就顾不得什么一家不一家，亲戚不亲戚。试看东周列国，互相吞并，其间哪一国不有同姓或者婚姻的关系呢？然而直到汉朝，人心还没有觉悟。汉高祖得了天下，就把子弟及同姓分封了许多在外边，而朝内之事，则专一付托吕后。诸位读过《两汉演义》么？韩信、彭越是何等样利害的人，为什么都会给吕后杀掉？这不是汉高祖自己在外面跑，把京城里一切政治都交付给吕后，才会这样么？倘使吕后亦像别一朝太平时代的皇后，专门坐在宫里，不管外事，能够忽然跳起来杀掉这两个人么？可知后来吕后的临朝称制，事非偶然了。

一种不适宜的制度，人类是非经过长久的经验，不会觉悟的。

把宗室封建于外，后来要互相攻击，甚而至于对天朝造反，这是从封建时代就积有很长久的经验的。所以秦始皇并吞六国之后，已不肯再封建子弟。汉高祖虽不行其法，到景帝时吴楚七国造反之后，也就觉悟其制度之不可行，把所封的王国，地方都削小，政权也都夺去了。至于外戚秉政，足以贻祸，则其经验较浅。因为古代等级森严，诸侯是要和诸侯结婚的，和自己国内的大夫结婚，是个例外。所以古代国内，甚少外戚，自然不会撞出多少祸事来。所以在汉代，前汉为外戚王氏所篡，后汉还是任用外戚。所用的外戚，没一个有好结果，然而一个外戚去，一个外戚又来。正和辛亥革命以前，一个皇帝被打倒，又立一个皇帝一样。当一种制度的命运未至灭亡的时节，虽有弊病，人总只怪身居其位的人不好，而不怪到这制度不好。譬如我们现在，天天骂着奸商，却没有人攻击商业制度一样。

黄　巾

后汉的乱源，还有一个“黄巾贼”。“黄巾贼”的事迹，料来诸位都知道的了，用不着在下来谈。在下却想借这机会和诸位谈一谈道教。

大家不都知道，在江西的龙虎山上，有一个张天师么？这天师的称号，从何而来？据《魏书·释老志》说，是这样的：当魏世祖时，有道士寇谦之，少修张鲁之术，后来太上老君下凡，授以天师之位。据太上老君说，自从天师张陵去世，地上久已无修善之人。因为寇谦之为人好，修道诚，所以特将此位授给他的。然则张陵是第一位天师了。张陵是谁？便是三国时代割据汉中的张鲁的祖父。

据《三国志》说，张陵是在四川的鹄鸣山中学道的。要学他的道的人，都要出五斗米，所以时人称为“米贼”。张陵的道，传给他的儿子张衡，张衡又传给他的儿子张鲁，然而《后汉书·灵帝纪》说：中平元年（184）七月，巴郡妖巫张修反。注引刘艾说：张修替人治病，病好的给他五斗米，号为五斗米师。《三国志·张鲁传》注引魏文帝所做的《典略》也说：灵帝时妖贼大起。在现在陕西省城一带，就是汉朝人所称为三辅的地方，有骆曜。在东方有张角。在汉中有张修。张修之道，称为五斗米道。并没有说起什么张陵和张衡。张修和张鲁都是益州牧刘焉手下的军官，刘焉差他俩去夺取汉中的。既得汉中之后，张鲁又将张修杀却，而并其众。《典略》说五斗米道，本起于张修，张鲁在汉中，因百姓相信张修的道，把他增加修饰的。

倘使张鲁之道，真系受之于其父祖，则三代相传，历时不为不久，为什么魏文帝和他是同时代人，绝不提及其父祖？而且张鲁是江苏丰县人。魏文帝说五斗米道和张角的太平道，大略相同，张角是巨鹿人，巨鹿是现在河北的宁晋县；还有被孙策杀掉的于吉，是琅邪人，琅邪是现在山东的诸城县；其地亦都在东方，为什么五斗米道独出于四川？江苏人跑到四川去传道，固然不是没有的事，为什么其道在四川又并无影响呢？《三国志》和《后汉书》的《刘焉传》都说张鲁的母亲是懂得鬼道的，因此在刘焉家中进出，亦不说她的鬼道和她的丈夫张衡、公公张陵有何关系。

然则张陵到底是怎样一个人物，殊不可知。似乎张鲁既据汉中之后，因人民信奉五斗米道，不能不行，而又不愿意承认此道出于其仇敌张修。五斗米道既为人民所尊奉，把来装在自己的祖父和父亲身上，至少在当时的环境里是光荣的；而且三代相传，则根柢深厚，又可以引起人民信仰之心，于是妄言其道出于父祖。然则张陵到底是怎样一个人物，殊不可知，而后世自称为他子孙的人，居然代代以天师自居；历代的政府，也居然多加以天师、真人等封号。倘使张陵有知，怕也要觉得出于意外罢？

替人治病，使人思过，给他符水吃，这是张修和张角相同的。就是于吉，也用符水替人治病的。然而他们的行径，也有大不相同的地方。

张角是要煽动人民造反，夺取天下的。他分遣弟子八人，传道于四方。据《后汉书·皇甫嵩传》说，相信他的人，青、徐、幽、冀、荆、扬、兖、豫八州都有。后汉时这八州，要包括现在江苏、安徽、江西、湖南、湖北、山东、河南、河北八省。他的信徒有几十万人。他把他们部署为三十六方。大方万余人，小方六七千。一朝事泄，他一个命令传出去，这些信徒就同时并起了。他又谣言："苍天已死，黄天当立。"这句话，《三国演义》上有，《后汉书》上也是有的。诸位读了，一定要觉得奇怪，怎么天会死呢？也不过以为草寇的说话，是不通的，不求甚解，一笑便置之罢了。其实不然。摇惑人心的话，也是要人家懂得的。倘使没有人懂，还造作他做什么？就使造的人不通，这话又何能风行呢？

须知古人的见解，和今人不同。今人说天子，只是一句空话。古人说天子，则真当他是天的儿子的。这种思想起源很早。到汉朝时候，其迷信还未尽破除。诸位大概都知道汉高祖斩蛇起义这句话。这件事《史记》《汉书》上是这样说的：汉高祖夜行，前有白蛇当道，汉高祖拔剑斩之，高祖走过之后，又有人走过这地方，见有老妪夜哭。问她为什么事情。她说：我的儿子被人家杀了。过路的人问她：你的儿子是什么人？给什么人杀掉？她说：我的儿子是白帝的儿子，现在给赤帝的儿子杀掉了。过路的人听她这话奇怪，觉得她不老实，正要给些苦头她吃，她却忽然不见了。

这话自然是假造的。然而为什么要造这段话？就可见得当时的人有此思想，造出来足以摇惑人心了。什么叫做赤帝、白帝呢？这正和张角所说的苍天、黄天，是一个道理。把天和地当作整个的，天上只有一个总的天神，地下也只有一个总的地神，这是业经进化后的宗教思想，古人却不是这样。

古人所祭的地，只是自己所居住、所耕种的一片土地。这便是现在的社祭。所祭的天，也只是代表一种生物的功用。农作物是靠着四时气候的变化，才能够生长成熟的。古人看了这种变化，以为都有一个天神在暗中主持着，所以有青、赤、白、黑四个天帝，青帝主春生，赤帝主夏长，白帝主秋收，黑帝主冬藏。春生、夏长、秋收、冬藏，都是要靠土地的，所以又有一个黄帝，以主土地的随时变化。古人又很早就有五行的思想，把物质分成五类，那便是水、火、木、金、土。把五行来配五方和四时，则木在东方，属春；火在南方，属夏；金在西方，属秋；水在北方，属冬。这大约因春天草木生长；夏天炎热，火的性质也热；秋天草木都死了，其性质为肃杀，而金属是做兵器的；冬天寒冷，水亦是寒冷的，所以如此配合。至于土，则古人每以自己住居的地方为中心，自然只好位置之于中央；其次序，自然在木火和金水之间了。

古人认为天上的五帝，是应该依着次序来管理人间之事的。为天下之主的，必须是天帝的儿子。所以朝代的更换，便是这一个天帝的子孙，让位给那一个天帝的子孙。这就是所谓“五德终始”。所以我们看古史，往往说某一个帝王是以某德王，如以木德王、以火德王之类。五德终始又有两种说法：一种是依相克的次序，木德之后该金德，金德之后该火德，火德之后该水德，水德之后该土德，土德之后又该木德的。一种是依相生的次序，木德之后该火德，火德之后该土德，土德之后该金德，金德之后该水德，水德之后又该木德的。在秦朝和西汉的前半期，是依着相克的次序。所以秦朝以周朝为火德，自己为水德，汉朝又自以为土德。到西汉的末年，却改用相生之说了，于是以周朝为木德，自己为火德，而把秦朝去掉不算。后来魏文帝代汉，又自以为是土德。

张角说什么苍天、黄天，自然也是想做皇帝的，不过依相克的次序，应该说黑天已死，黄天当立；依相生的次序，应该说赤天已死，黄天当立；总不该说苍天已死，黄天当立。不知道是张角另有说法呢，还是做历史的人弄错了一个字？不过他说到这一类的话，其有取汉朝而代之之心总是显而易见的了。所以我说：张角是要煽动人民造反，夺取天下的。

至于张修，则其规模大不相同。据《三国志》和注引魏文帝《典略》说：他隔了若干里，就设立一个义舍，以便行人歇宿。又把米和肉置于其中谓之义米肉。过路的人都可以按照自己的量吃饱。但是不能多取的，多取的鬼会罚他。他又禁酒。春夏则禁杀生。有小罪的人罚他修路一百步。如此，人民的经济，颇可因之而宽余。

张鲁据汉中，亦有二十余年，始终未曾出兵争夺别的地方。后来曹操去伐他，他的意思还不愿抗拒。可见其宗旨只要保守一地方，与民相安。

于吉又和张修、张鲁不同。张鲁虽无意于争夺天下，扩充地盘，毕竟还带过兵，打过仗。张修并还造过反。至于于吉，则大约是个文人，所以《三国志·孙策传》注引《江表传》说：他在现在的苏州，设立精舍，这精舍乃是汉人读书讲学之处。他的被杀，《江表传》和注所引的《搜神记》，说法亦有不同。《江表传》说：孙策在城楼上聚会诸将宾客，于吉从楼下走过，诸将宾客有三分之二都下楼迎拜他。孙策大怒，说他摇惑众心，使自己手下之人失掉君臣之礼，就把他捉起来。信奉于吉的人，都使家中的妇女去见孙策的母亲，替他求情。诸将又连名请求孙策，要替他保全他性命。孙策不听，竟把他杀了。《搜神记》说：孙策要乘虚袭击许昌，带着于吉同行，时适大旱，舟行困难。孙策一清早就自出督促。将吏却多在于吉处，不能依时聚集。孙策大怒，说他败坏部伍，就把他绑在地上晒，叫他求雨，说午时以前得雨就赦他。果然大雨倾盆，大家以为孙策要赦他了，孙策却竟把他杀掉。这两说谁真谁假，连写《三国志注》的裴松之，也不能决断。依我看来，都未必确实。因为《江表传》说：诸将替他求情时，孙策说，你们不要信他。从前有个交州（交州是现在的越南地方，在唐以前，也是中国的郡县）刺史张津，就是相信这般邪道的，后来到底为外夷所杀。据裴松之说：张津确是死在于吉之后的，就可见得《江表传》的不确。至于《搜神记》说孙策要袭击许都，依我看来，根本没这一回事。这话另有一段考据，只好将来再谈。现在假定我的说法是正确的，《搜神记》的话也是靠不住的了。但《江表传》和《搜神记》，毕竟是离于吉年代不远的人所做。他们想象中，以为于吉是怎样一个人，毕竟不会错的，据他们的想象，则于吉是一个术士，或者也可以说是一个江湖医生。他至多只能以幕友的资格随军，决不能带兵打仗的。看孙策手下的诸将宾客如此信奉他，可见他专和阔人来往。和张角、张修、张鲁等，专在小百姓面上做功夫的，又有不同。

须知宗教是有这三种：一种是在小百姓面上做功夫，而想煽动了他们，以图大事的，如近代洪秀全所创的上帝教便是。一种亦是在小百姓面上做功夫，确有些劝人为善的意思的。如波斯的摩尼教，在唐朝时候曾经输入中国。后来被唐武宗禁止了，然而到宋朝时候，人民仍有信奉他的。其教徒都不吃肉，而且还要互相救济，所以多有致富的，能维持一部分人的信仰。还有一种，则是专和上、中流社会中人交接的。如在距今十余年以前，风行一时的同善社就是。这三件年代比较近的事，恰好和汉末的张角、张鲁、于吉做一个比喻。

这种宗教，因其教理大都浅陋；而且既是宗教，总不免有些迷信的地方。迷信这件事，是在本团体以内便被视为神圣，在本团体以外就会被视为邪道的。再加张角一类人，借此煽动人民以图大事，就更被一般人所痛恶，要目为邪教；而政府也要加以禁止了。然第三种不过可鄙，并不会有什么大害。第二种可以说是有些益处的，只有第一种危险些。然而第一种的危险，实由于社会的不安，和宗教的本身并无多大关系。《后汉书·杨震传》说：他的孙儿杨赐，在灵帝时位居司徒，曾上疏说张角所煽惑的全是流民。这件事，但惩治张角，是无用的。要令各地方的官吏把流民都送还本乡。然后把太平道的头目惩治几个，其事就不劳而定了。可见得张角的能够发动人民，全由于社会的不安。宗教的本身并无多大力量。

还有，后世所谓道教，其根源，分明是出于张角、张修、张鲁、于吉一班人的，和老子毫无相干，他们却都奉老子为始祖。因为老子这一派学问，古代称为道家，他们的教就称为道教；而且竟有称佛道为释老的，如《魏书》的《释老志》便是，这又是什么道理呢？我说：这是因黄帝而牵及老子的。据《后汉书》说，张角所奉的道，称为黄老道，而《典略》说张修在汉中，并不置官吏，但令教中的祭酒治理百姓，祭酒要将老子的五千言教人学习。老子的五千言和张修之道有何关系，而要使人学习呢？原来秦汉时的方士，就是教秦始皇、汉武帝派人到海外去寻神仙、炼合丹药服之以求不死的，都依附于黄帝。黄帝是没有书的，老子却有五千言。黄老在秦汉时代是并称的。张角、张修、张鲁、于吉等的道术，本来和方士有相当的关系，就因黄帝而牵及老子，把老子的书来使人诵习了。反正是当他咒语念，管什么意义合不合，念的人懂不懂呢？而老子，就这么糊里糊涂地被人牵去，作为他们教中的始祖了。倘使老子地下有知，怕更要莫名其妙罢？

历史和文学

讲《三国志》，大家所最喜欢听的是战事。我现在说了许多话，一点战事也没有提到，读者诸君一定要不耐烦了。且慢！战事是可以讲的，《三国演义》式的战事，却不能讲，因为这根本是文学，不是历史。文学固然有文学的趣味，历史也有历史的趣味。

充满了离奇变幻的情节，使人听了拍案惊奇，这是文学的趣味，但意义实在是浅薄的。因为文学是刺激感情的东西，要求感情满足，其势不能使人多用心。所以演义一类的书，所说的军谋和外交手段等，看似离奇变幻，神出鬼没，要是我们真肯用心，凭着事理想一想，就知道他所说的话，都极幼稚，只好骗小孩子罢了。

讲历史却不然。历史上的事情，都是真实的。其中如军谋和外交问题等，关系何等重大！应付这些问题的人，各方面都要顾到。而他们当日的环境，就是他们四面八方的情形，十分里倒有八九分是我们现在不知道的。那么，他们当日应付的手段，我们如何会了解？更何从批评其得失呢？

俗话说："旁观者清，当局者迷。"这句话，只是旁观者不负责任之辞，并不是真理。因为当局者的环境，旁观者总不能尽知。假如一个人对付一个问题要顾到三方面，而旁观者只知道两方面，那从旁观者看起来，这个问题自然要好对付得多。在当局者，还要多顾全一方面，旁观者所主张的办法，他就决不能采用。在旁观者看来，他的手段就很不高明，而要说他是一个迷者了。其实何尝是如此呢？读史的所以难，解释古事、批评古人的所以不可轻易，其原因就在乎此。

然则史事根本无从说起了，还会有什么趣味呢？不，听我道来。古人的环境我们固然不能全知道，也不会全不知道，因而古人所做的事情，我们决不能全了解，也不至于全不了解。所以解释古事、批评古人，也不是绝对不可以，不过要很谨慎，限于可能的范围以内罢了。谨守着这个范围，我们能说的话，实在很少。然在这些少的话中，却多少见得一点事实的真相。其意义，要比演义等假设之以满足人的感情的，深长得多。满足感情固然是一种快乐，了解事实的真相，以满足求知的欲望，又何尝不是一种快乐？所以有史学天才的人，听了我的话，固然不会比听《三国演义》乏味，就是通常人听了我的话，也不一定会觉得乏味的。因为历史上有许多问题，原是普通的问题，人人能够了解的，学问的能够通俗化，其原因就在于此。

后汉的地理

现在要说三国时的战事了，却还要请诸位耐烦一些，听一听东汉时地理的情形。东汉的行政区划是分为十三个州，十二个州各有一个刺史，又有一个州，则是属于司隶校尉的。把现在的地方说起来，则：

幽州　包括河北省的北部和热河[①]、辽宁两省，还包括朝鲜半岛的北部。因为朝鲜在汉时，也是中国的郡县。

冀州　河北省的南部。

并州　山西省的大部分、陕西省的北部和察哈尔[②]、绥远[③]两省的一部分。

凉州　大略是现在的甘肃和宁夏两省。

青州　山东省的东北部。

---

① 旧省名，今辽宁省西部，河北省东北部。

② 旧省名，并入今河北、山西。

③ 旧省名，并入今内蒙古自治区。

兖州　山东省的西部和河南省的东北部。

豫州　河南省的东南部和安徽的江北。

徐州　山东的东南部和江苏的江北。

扬州　江苏、安徽的江南及江西、浙江、福建三省。

荆州　河南的西南部和湖南、湖北两省。

益州　陕西省的南部和四川、云南两省。

交州　广东、广西两省，还包括现在的越南。因为越南在汉时，也是中国的郡县。

司隶校尉　河南省的西北部、山西省的西南部、陕西省的中部。

汉朝的行政区划，下级的是县。这和后世的情形是一样的，是官治的最下级。自此以下，就只有自治的机关，而没有官治的机关了。上级的是郡。郡的幅员，在中原繁盛之地，和前清时代的府差不多。县的长官，户口多的称为令，少的称为长；郡的长官，称为太守：都是地方行政官。郡以上更大的区域称为州。每州有一个刺史，却是监察官而不是行政官了，所以他查察人家的失职与否，而自己并不办事。而且所监察的专注重于太守，县以下的事情，即非其所问。

原来秦汉时代的县，就是古代的一个国。诸位总还有读过《孟子》的。《孟子》的《万章下篇》说古代国家的大小，不是说“天子之地方千里，公、侯皆方百里，伯七十里，子、男五十里”么？《汉书·百官公卿表》说：汉朝承袭秦朝的制度，每一县的地方，大概是方一百里。我们读《左传》等书屡见当时的大国灭小国而以为县，而秦汉时的县名，和古代的国名相同的很多，就可见古代之国被灭之后，在大国中仍成为一个政治单位。春秋、战国之世，次等国大约方五百里，如《孟子·告子下篇》所说，“今鲁方百里者五”便是。大国则方千里，如《孟子·梁惠王上篇》所说，“海内之地，方千里者九，齐集有其一”便是。这其大小，就是《万章篇》所说的天子之国了。所以孟子说梁惠王，说齐宣王，都希望他们行王政而王天下，因为他们实在有这个凭借。

在春秋以前，大国或次等国灭掉了别一国，大概都把它作为自己国里的一县，直隶于中央政府，其上更无任何等级。战国时的大国，才有在边地置郡的，内地还没有什么郡。郡的兵力比县要充足些。所以战国时，秦王派甘茂去攻韩国的宜阳县，甘茂说：宜阳虽名为县，其实是郡，是不容易攻的。内地用不到很厚的兵力，所以各国都不设郡。到秦始皇灭六国，六国的人民都非心服，到处都有用兵力镇压的必要，所以把天下分做三十六郡，而郡就成为普遍的制度了。所以郡的设立，根本就是为镇压起见，并不是为治理地方起见。

但是既不放心各地方的人民，怕其要反叛，县的兵力不足镇压，而设置了许多郡守，又怕郡守的权力太大了，于己不利，于是每郡又派一个御史去监视着他。到汉朝，皇帝不再派御史，而由丞相分派若干个史，出去监察各郡，这个史便称为刺史。刺史本非行政官，一个刺史监察几个郡，只是办事上一个分划的手续，并不是什么行政区划，所以其初并没有州的名目而称之为部。这部字，便是现在部分两个字的意思。到后来才改称为州，但是名目虽改，其实权还是一样。直到后汉灵帝时候，改刺史为州牧，其实权才有变更的。改刺史为州牧，前汉时就有此举，但是不久又改回来了。

当时主张改刺史为牧的人，议论是这样的，他们说：刺史的责任在监察太守，可是他们的官位比太守小，他们的资格也比太守浅。政治上的秩序，是要使大官去治小官，不该使小官去治大官的。所以要把刺史改名为牧，算做太守的上级官，用资格深的人去做。其实这话是错的。监察和行政是两个系统。监察一系的官吏，可以监察行政官，乃其职权如此，并非把其官位和所监察的官的官位，比较大小而定的。而在事实上，则行政官宜用资格较深的人，监察官宜用资格较浅的人。因为行政有时候要有相当的手腕，而且也要有相当的技术，这是要有经验然后才能够有的，所以要用资格深的人。至于监察官，则重在破除情面。要锋锐，不要稳重。要有些初出茅庐的呆气，不要阅历深而世故熟。要他抱有高远的理想，看得世事不入眼，不要他看惯了以为无足为怪。要他到处没有认得的人，可以一意孤行，不要交际多了，处处觉得为难。把现在的事来说，学校里初毕业的人，文官考试刚录取的人，宜于做监察官。在官场上办过若干年事情的人，宜于做行政官。而且行政官和当地的人，总不能毫无联络。对于土豪劣绅等，有时虽明知其不好，也不容易专走方路，把他们尽情惩治的，因为如此，他就要暗中和你为难，使你缓急之际办事棘手，有时为害甚大。就是平时的政务，也不免要受他牵掣的。我前文说行政官必须要有些手腕，这也是其中的一端。至于监察官，则根本不办什么事情，不怕你掣肘。而且汉朝的刺史，只有一年一任，到你要和他为难，他倒早已离开你这地方了。土豪劣绅的势力，大抵只限于本地。要离开本地，赶进京，或者到别地方去和前任刺史为难，是不容易的。所以汉朝刺史的制度，确有相当的价值。前汉时主张改刺史为州牧的人，其议论实不得当。所以后来行之而不好，就不得不将旧制回复了。

但是到东汉末年，此论复起。主张的人，便是刘璋的父亲刘焉。他的理由是四方多乱，非有资深望重的人不能震慑；而资深望重的人是不能使他为刺史，而不得不改其名为牧，以示隆重的。当时听了他的话，便派了几个资深望重的人出去做州牧。其余不重要的去处，还是称为刺史。到后来，则一个人往往先做刺史，过了几年，资格渐深，名望渐高，然后升为州牧。论当时的情势，有实力的人，无论称为刺史，或称为牧，其能霸占一地方，总是一样。而且既占一地方之后，其势也不得不升他做牧。但是有几个人，其能霸占一地方，和州牧的制度也是有些关系的。譬如刘表，若非有州牧之制，他这种名望很高的人，或者就不会久任一州的刺史。又如他的名目只是刺史，在地位上比州牧要低些，或者他也要小心一些，有许多僭越的事情，根本就不敢做。所以把后汉末年的分裂，过分归咎于州牧之制，是不对的；然而州牧之制，确也有相当的关系。据地自专，和中央政府反抗，是要有相当大的地盘的。从春秋以来，像后世一府这么大的地方，就不足以为轻重。所以和鲁国差不多大小的国，如宋国、卫国、郑国等，都不能和大国相抗，到秦汉之世，此等情形就更为显著。

诸位有读过柳宗元的《封建论》的么？他的《封建论》里有一句说：汉朝“有叛国而无叛郡”。这就因为汉时的郡，只有后世一府这么大，而汉初所封诸国，都兼五六郡之地之故。后汉末年，割据的人，大约都有一州或大于一州之地，也是为此。后汉的十三州，大小是极不相等的。小的如青州、兖州，不过现在山东省的一半。大的如扬州、益州，都要包括现在的好几省。这是因人口多则设治密，而当时的南方还未甚开发之故。所以翻开读史地图来看，吴国的地方并不小于魏，而实力却远不如魏，就是为此。

司隶校尉是前汉武帝所设的官。因当时有巫蛊之祸，使之督捕，是带有非常时期的侦缉性质的。后来事过境迁，此等特殊性质渐渐消灭，乃使其监察数郡。在这一点上，其性质与刺史无异。所以后汉有十三州，中有一州不设刺史而即由司隶校尉监察。

董卓的扰乱

现在真要说起三国时的战事来了。说起三国时的战事来，第一个要提到的，便是董卓。董卓到底是怎样一个人呢?

三国的纷争，起于汉献帝初平元年东方州郡的起兵讨伐董卓。其时为公元一百九十年。直到晋武帝太康元年，把东吴灭掉，天下才算统一。其时为公元二百八十年。分裂扰乱的局面，共历九十一年。政治上最怕的是纲纪废坠。纲纪一废坠，那就中央政府的命令不能行于地方，野心家纷纷乘机割据，天下就非大乱不可了。

专制时代的君主，虽然实际也无甚能力。然而天下太平了几十年，或者几百年，大家都听中央政府的命令惯了，没有机会可乘，决没人敢无端发难。后汉时，离封建时代还近，尊君的思想极为普遍。读过书的知兵大员，虽然很有威望，兵权在手，也都不敢违犯中央的命令。黄巾虽然勾结很广，起兵时声势浩大，幸而张角并非真有才略的人，一起兵，就被官军扑灭了，其余党虽未能尽绝；黄巾以外，各地方的盗贼起义的虽然还不少，都是迫于饥寒，并无大志。倘使政治清明，再有相当的兵力辅助，未始不可于短期之内剿抚平定的。何进的死，虽然京城里经过一番扰乱，恰好把积年盘据的宦官除掉了，倒像患外症的施行了手术一般。所以经过这一番扰乱以后，倒是一个图治的好机会。而惜乎给董卓走进去，把中央的局面弄糟了，正给有野心想要割据的人一个好机会。自此以后，中央政府就命令不行，政治上的纲纪全然失去了。所以论起汉末的分裂来，董卓确是一个罪魁祸首。

董卓初进京城时，也未始不想做些好事。当后汉桓、灵二帝时，宦官专权，曾诬指反对的人为党人。把他们杀的杀，治罪的治罪。最轻的，也都不准做官。这个在古时谓之锢，所以史家称为党锢之祸。董卓初进京时，替从前受祸的人一一昭雪，而且还引用了一班名士。有名的蔡邕表字唤做伯喈的，便是其中的一个。

他自己所喜欢的人，只做军官，并不参与政治。倘使他真能听这一班名士的话，约束手下的武人，政治也未始不可渐上轨道。苦于他其实是不懂得政治的人。一上政治舞台，便做了一件给人家借口的事。那便是废少帝而立献帝。在专制时代，无故废立，那是怎样容易受人攻击的事啊！公忠体国之臣，固然皇帝不好，不敢轻于废立。就是奸雄想要专权，甚而至于想要篡位的，也正利于君主的无用，何必要废昏立明？历代篡弑之事，能够成功的，都在权势已成，反对自己的人诛锄已尽之后，哪有一入手便先做一件受人攻击之事的呢？董卓的举动如此，就见得他是一个草包了。

而他所以失败之由，尤其在于不能约束兵士。当时洛阳城中，富贵之家甚多，家家都有金帛。他就放纵兵士，到人家去抢劫。还要奸淫妇女。有一次，他派兵到洛阳附近的地方去。这地方正在作社（中国民间最重的是社祭，就趁这时候，举行种种宴乐、游戏等事，谓之作社），人民都聚集在社庙附近。他的兵，就把男人都杀掉。再抢了他们的车，把所杀的人头挂在车辕上，载其妇女而还。这件事，《三国演义》上也曾说及的。《三国演义》的话，有些固然靠不住，有些却是真的。这件事，正史中的《后汉书》上也有，并非写《三国演义》的人冤枉董卓。他的军队如此，就连京城里的秩序都不能维持，还说得上收拾天下的人心么？无怪东方州郡要起兵讨伐他了。

东方的兵一起，董卓的所作所为，就更不成话了。他的兵虽也相当的强，然而名不正，言不顺。而且东方州郡的兵，声势浩大，也不易力敌的。于是想到从洛阳迁都长安。一者路途遥远，且有函谷关（函谷关，本在今河南的灵宝县，汉武帝时，东移到现在河南的新安县。这是从河南到陕西一条狭路的东口。现在的潼关，是其西口）之险可守，东方的兵不容易到。二者董卓是西凉人，所用的是西凉的兵，长安离他的老家近些。这还可说是用兵的形势不得不然。然而迁都也有迁法。他却令手下的兵，逼着人民迁徙。当时洛阳居民共有数百万人，互相践踏。也有饿死的，也有遇着抢劫而死的，死尸堆满在路上。他自己带兵，仍留在洛阳附近。一把火，把皇宫、官署、民居都烧毁了。二百里内更无人迹。他又使吕布把汉朝皇帝和官员的坟，都掘开了，把坟中所藏珍宝取去。你想这还成什么行为？无怪批《三国演义》的人，要说他是强盗行径，不成气候了。

当时东方的兵，如果能声罪致讨，这种无谋的主帅，这种无纪律的军队，实在是不堪一击的。至多经过一两次战事，就平定了。苦于这些州牧、郡守，都只想占据地盘，保存实力，没有一个肯先进兵。其中只有曹操，到底是有大略的人。他虽然是个散家财起兵，本来并无地盘的，倒立意要成就大事，替义兵（当时称东方讨伐董卓的兵为义兵）画了一个进取之策。诸人都不听，曹操就独自进兵。董卓的兵力是相当强的。合众诸侯的力量以攻之，虽然有余，单靠曹操一个人的力量，自然不够。兵到荥阳，就给董卓的部将徐荣打败。然而曹操的兵虽少，却能力战一天。徐荣以为东诸侯的兵都是如此，也就不敢追赶。

这时候，董卓的兵似乎胜利了，却又有一个孙坚，从豫南而来。孙坚是做长沙太守的。汉朝时候，湖南还未甚开辟，长沙僻在南方，与中原大局无甚关系。倘使做太守的是一个苟且偷安的人，大可闭境息民，置境外之事于不问。孙坚却是有野心的。他听得东诸侯（当时称东方的州牧、郡守为东诸侯，乃是沿用封建时代的旧名词）起兵讨卓，也就立刻起兵。路过荆州、南阳，把刺史太守都杀了。前到鲁阳，这就是现在河南的鲁山县，为从南阳到洛阳的要道。这时候，袁术因畏惧董卓，屯兵在此，便表荐孙坚做豫州刺史。孙坚向北进兵，也给徐荣打败。明年，孙坚收兵再进。董卓使吕布、胡轸去拒敌。二人不和，军中无故自乱。给孙坚打败，把他的都督华雄杀掉。华雄明明是被孙坚所杀的，《三国演义》却说他被关公所斩，这就是演义不可尽信之处了。于是孙坚进兵，离洛阳只有九十里，董卓自己出战，又败。乃留兵分屯关外，自己也退到长安。

董卓这时候，大抵是想雄据关内，看东诸侯的兵将怎样的。果然东诸侯心力不齐，不能进兵。孙坚进到洛阳，修复了汉朝皇帝的坟墓，也就无力再进了。而且这时候，洛阳业已残破，不能驻兵。只得仍退到鲁阳。倘使这时候，董卓的所作所为，成气候一些，确也还可以据守关内。无如他的所为，更不成气候了。他在关中的郿县[①]造了一个坞。据《后汉书》说：高厚各有七丈。《后汉书注》是唐朝的章怀太子（唐高宗的儿子，名字唤做贤）做的。据说其时遗址还在，周围有一里一百步。他在郿坞中，堆积了三十年的粮食。说："事成雄据天下，事不成，守此也足以终身了。"你想：乱世的风波，多着呢，险着呢，哪有这种容易的事？而且他一味暴虐，不论文官武将，要杀就杀。于是再没有人归心他。再到明年，就是汉献帝的初平三年（192），就给王允、吕布合谋所杀。这件事的大概，料想诸君都知道的，不必细讲了。

董卓虽死，朝廷却仍不能安静。事缘董卓虽死，他手下的军队还多着呢，都没有措置得妥帖。

排布这件事，是要有些政治手腕的。王允虽然公忠，手腕却缺乏。没有下一道赦令暂安他们的心，然后徐图措置。当时董卓的女婿牛辅，屯兵在现在河南的陕县，吕布既杀董卓，派李肃到陕县，想要借皇帝的命令，杀掉牛辅。这如何办得到？于是李肃给牛辅打败了。吕布便把李肃杀掉。这其实也是冤枉的。牛辅心

---

① 今陕西省眉县。

不自安。有一次，营中的兵，有反去的。辅以为全营都反，取了金宝，带着亲信五六个人逃走，他的亲信又垂涎他的金宝，把他杀掉，将头送到长安。

他的部将李傕、郭汜、张济等，本来是去侵略现在河南省的东南部的，回来之后，军中已无主将。又听得谣言说：京城里要尽杀凉州人。急得没有主意，想各自分散，逃归本乡。当时有一个讨虏校尉，名唤贾诩的，也在军中，对他们说道：你们弃众单行，一个亭长（汉时十里一亭，亭有长，亦主督捕盗贼），就把你们绑起来了。不如带兵而西，沿路收兵，替董卓报仇。事情成功了，还怕什么？不成，到那时再想法逃走，亦未为晚。一句话点醒了李傕等，就照着他的话行。大约当时想乱的人多了，沿路收兵，居然得到十几万。就去攻长安城。十天工夫，把城攻破了。吕布战败逃走，王允给他们杀掉。于是长安为李傕、郭汜所据。张济仍分屯于外。

李傕、郭汜的不成气候，自然也和董卓一样的。纵兵到处抢劫。当时长安附近，人民还有几十万家，因此穷到人吃人。两年之间，几乎死尽了。后来李傕、郭汜又互相攻击。李傕把汉献帝留在营中，做个人质，却派公卿到郭汜营中讲和。郭汜便把他们都扣留起来。幸得张济从外面来，替他们讲和，汉献帝才得放出。

献帝知道在李傕、郭汜等势力范围之下，总不是一回事。派人去请求李傕，要东归洛阳。使者来回了十趟李傕才答应了。献帝如奉到赦令一般，即日起行。此时护卫献帝的：一个是杨定，乃董卓部将；一个是杨奉，本来是白波贼（白波，谷名，在今山西汾城县。白波贼，是在白波谷地方做强盗的）帅，后来做李傕部将，又反李傕的；一个是董承，是牛辅的部将。走到华阴，有一个带兵的人，唤做段煨的，把献帝迎接入营。

段煨的为人，是比较成气候一点的，却和杨定不合。杨定就说他要造反，发兵去攻他的营。恰好李傕、郭汜把皇帝放走了，又有些懊悔，乃合兵去救段煨。杨定逃奔荆州。献帝乘机脱身。而张济又和杨奉、董承不合，和李傕、郭汜合兵来追。杨奉、董承大败。乃诈与李傕等讲和，而暗中招白波帅李乐、韩暹、胡才等和南匈奴的兵来，把李傕等打败。李傕等合兵再来，杨奉、董承等又败。乃逃过黄河，暂住在山西安邑县地方。韩暹又和董承相攻。

董承逃奔河内，就是现在河南的武陟县。河内太守张杨，叫他到洛阳去，把宫室略为修理，发兵迎接献帝，回到洛阳。此时洛阳城中，房屋都没有什么了，到处生着野草。百官都住在颓墙败壁之间。有的自出樵采，有的竟至饿死。在洛阳护卫献帝的，是董承、韩暹两人。他俩依旧不和。董承暗中派人去唤曹操进京，以后的大权，就归于曹氏了。

我们总看，从董卓入洛阳以后，到献帝迁回洛阳之时，汉朝的中央政局，可说全是给董卓和他部下的人弄坏的。这件事，别有一个深远的原因在内。我们且看蔡文姬的诗：

> 汉季失权柄，董卓乱天常。志欲图篡弑，先害诸贤良。
> 逼迫迁旧邦，拥主以自强。海内兴义师，欲共讨不祥。
> 卓众来东下，金甲耀日光。平土人脆弱，来兵皆胡羌。
> 猎野围城邑，所向悉破亡。斩截无孑遗，尸骸相撑拒。

马边悬男头，马后载妇女。长驱西入关，回路险且阻。
还顾邈冥冥，肝脾为烂腐。所略有万计，不得令屯聚。
或有骨肉俱，欲言不敢语。失意机微间，辄此毙降虏。
“要当以亭刃，我曹不活汝。”（这十个字，是西凉兵骂俘虏的话）
岂复惜性命，不堪其詈骂。或便加捶杖，毒痛参并下。
旦则号泣行，夜则悲吟坐。欲死不能得，欲生无一可。
彼苍者何辜？乃遭此厄祸。

蔡文姬名琰，就是蔡邕的女儿，是后汉时的一个才女。这一首诗，写尽了西凉兵野蛮的情形。

看了“来兵皆胡羌”一句，可知当时西凉兵中，夹杂了许多异族。原来羌人的根据地，本在今甘肃东南部。战国时，才给秦国人赶到黄河西边。羌人就以今青海省城附近大通河流域为根据地。西汉时，中国又经开拓，羌人又逃向西边去了。到王莽末年，乘中原内乱，又渡过大通河来。后汉初年，屡次反叛。中国（汉朝）把他打平了，都把降众迁徙到内地。一时来不及同化。又贪官污吏、土豪劣绅都要欺凌剥削他们，于是激而生变。从安帝到灵帝，即大约从公元一〇七年起到一七六年，七十年之间，反叛了好几次。中国（汉朝）这时候政治腐败。带兵的人都无意于打仗。地方官则争先恐后，迁徙到内地。凉州一隅，遂至形同化外。后来表面上虽然平定，实际乱事还是时时要发动的。

羌人的程度本来很低。他的反叛全是原始掠夺性质。胡本来是匈奴人的名称。后来汉朝人把北边的异族都称为胡。其初，还称匈奴东方的异族为东胡，西方的异族为西胡或西域胡。再后来，便把西字或西域字略去，竟称之为胡了。这一首诗中“来兵皆胡羌”的胡字，大约是西域胡，也是野蛮喜欢掠夺的。

而中国（汉）人和这一班人打仗打久了，也不免要传染着他们的气习。所以当时的西凉兵野蛮如此。带兵的人就要约束，又从何约束起呢？况且董卓自己也是这样的。《后汉书》上说：他有一次到郿坞去，汉朝的官员替他送行。他将投降的几百个人，即在席间杀害。先割掉他们的舌头，再斩断他们的手脚，再凿去他们的眼睛，然后用锅子来煮。这些人要死不得死，都宛转杯案之间。大家吓得筷子等都丢掉了，董卓却饮食自如。他的性质如此，又怎会约束他手下的人呢？他的这种性质，是哪里来的？《后汉书》说他“少游羌中，尽与其豪帅相结”。可见董卓的性质，有一半被他们同化了。不但董卓如此，他的部将和他的兵，怕大都如此。后来“五胡乱华”时，有一大部分人还是带着这种性质的。

可见后汉时西凉兵的扰乱，并不是一个单纯的政治问题，其中实含有很深远的民族问题、文化问题在内了。

曹操是怎样强起来的

董卓劫迁献帝之后，东方州郡既无人能跟踪剿讨，自然要乘机割据地盘了。当时的南方还未甚发达，在政治上的关系也比较浅。北方，洛阳残破了。从函谷关以西，则还在董卓手里。所以龙争虎斗，以幽、并、青、冀、兖、豫、徐七州和荆、扬两州的北部为最利害。这就是现在的山东、山西、河南、河北四省，及江苏、安徽、江西、湖北四省中江、汉、淮三条大水沿岸的地方。

当灵帝末年，做幽州牧的是刘虞。他是汉朝的宗室。立心颇为仁厚，居官甚有贤名，颇得百姓爱戴。然实无甚才略。幽州有个军官唤做公孙瓒，性情桀骜，而手下的兵颇强，自然不免有些野心。不过当政治上秩序未大坏时，还不敢公然反抗罢了。到董卓行废立之后，情形又有不同。献帝既系董卓所立，在专制时代的皇位继承法上，自不能算做正当。讨伐董卓的人，自然有不承认献帝的可能。于是袁绍和冀州牧韩馥联合，要推刘虞做皇帝。刘虞是没有实力的人，假使承认了，岂非自居叛逆，甘做他人的傀儡，所以坚决不受。反派人到长安去，朝见献帝。献帝正为董卓所困，想要脱身而无法。见刘虞的使者来，大喜。此时刘虞的儿子刘和，还在长安做官。献帝就叫他回见父亲，密传诏旨：令刘虞派兵来迎。刘和不敢走函谷关大路，打从现在商县东面的武关出去。这时候袁术因惧怕董卓，带兵驻扎在南阳。恰好孙坚自长沙带兵而北，把南阳太守杀掉，袁术就趁此机会，把南阳占据起来。迎接皇帝，是一件大有功劳，而且存心要想专权，也是一件大有希望的事。有此机会，袁术如何肯让刘虞独占。刘和经过其境，袁术便把他留下，派人去告诉刘虞，叫他派兵来和自己的兵会同西上。刘虞果然派了几千个马兵来，就叫刘和统带。这事倘使成功，刘虞的名望地位岂不更要增高，公孙瓒要把他推翻就难了。所以公孙瓒力劝刘虞不可派兵。刘虞不听。公孙瓒便串通袁术把刘和拘留起来，而把刘虞所派的兵夺去。这是董卓劫迁献帝以后，关于帝位问题，当时几个有兵权和地盘的人勾心斗角的一幕。因其事情没有闹大，读史的人都不甚注意，把它淡淡地读过了。其实此项阴谋，和当时东方兵争序幕的开启，是很有关系的。

公孙瓒串通袁术，把刘和拘留起来，刘虞派去的兵夺掉，既阻止刘虞迎驾的成功，又可和袁术相连结，他的阴谋似乎很操胜算了。于是志得意满，以讨伐董卓为名，带兵侵入冀州，想要夺韩馥的地盘。韩馥如何能抵敌?

谁知螳螂捕蝉，黄雀又随其后。鹬蚌相持，渔翁得利，反替袁绍造成了一个机会。此时袁绍正因董卓西迁，还军河北，便乘机派人去游说韩馥。韩馥乃弃官而去，把冀州让给袁绍。袁绍的高、曾、祖、父都是做汉朝的宰相的（所谓“四世三公”，后汉是以司马、司徒、司空算相职的），归心于他的人很多。其才能，比之韩馥，自然也要高出几倍。公孙瓒要占据地盘不得，反而赶去了无用的邻居，换了一个强敌来。世界上的事情，正是变化多端，不由得人打如意算盘了。

袁绍和公孙瓒地势逼近，自然是想要互相吞并，不会合式的。袁术和公孙瓒连结，对于北方也有一种野心。平空跳出一个袁绍来，这种野心不免要受一个打击。自然要和袁绍不对，顾不到什么弟兄不弟兄了。

曹操和袁绍是讨卓时的友军。当群雄初起之时，各人都怕兵力不够，总想多拉帮手。不是利害真相冲突之时，总要戴着假面具，互相利用。这是当时曹操、刘备、吕布等所以内虽不和而当人家穷困来投奔时，总要假意敷衍，不肯遽行决裂的原因。袁、曹初时的互相提携，理由亦不外此。此时兖州北境，适有乱事，本来的地方官不能平定。曹操带兵去把他打平了。袁绍就表荐他做东郡太守（治东武阳，在今山东朝城县西①）。此事在汉献帝的二年。明年，青州黄巾攻入兖州。兖州刺史刘岱为其所杀。济北（济北国，在今山东长清县南）相鲍信是最赏识曹操的，就劝刘岱手下的人共迎曹操为兖州牧。此时黄巾声势浩大，曹操和鲍信进兵讨伐，鲍信力战而死。曹操到底把黄巾打破。黄巾投降的共有三十多万人。曹操把他精锐的留下，编成军队，称为青州兵。这

---

① 即今山东省莘县。

些都是百战的悍贼。于是曹操不但得兖州为地盘，手下的军队也比较精强了。

南阳在后汉时，也是荆州的属地。这时候的荆州刺史是刘表，已从今湖南境内迁徙到湖北的襄阳，和中原之地接近了，和南阳势尤相逼。孙坚也是个没有地盘的人，屯扎在河南鲁山县境内。袁术就表荐他做豫州刺史，和他互相联结，想要夺刘表的地盘。这样一来，袁绍就要和刘表联结。而徐州和兖州是相接境的。徐州可以吞并兖州，兖州也可以吞并徐州。徐州牧陶谦，照《三国演义》上看来，是一位好好先生，这个不是真相。他虽无才能，而亦颇有野心。青州刺史田楷，则本系公孙瓒的人。

当时的斗争，遂成为冀州的袁绍、兖州的曹操、荆州的刘表站在一条线上，幽州有实权的公孙瓒、寄居荆州境内的袁术和豫州的孙坚、徐州的陶谦站在一条线上的形势。刘备是以讨黄巾起兵的，后来跟随公孙瓒。公孙瓒荐他做平原（今山东平原县）相。平原属于青州，常做田楷的帮手，所以也在公孙瓒、袁术战线之内。

两个集团开始斗争，袁术和公孙瓒一方面是失败了。公孙瓒进兵攻袁绍，既为所败（即《三国演义》所谓袁绍磐河战公孙。据《演义》上看，似乎两军无大胜败，实在是公孙瓒败的）。袁术使孙坚攻刘表，虽然战胜，围困襄阳，然孙坚的用兵太觉轻率，因单马独出，被刘表的军士射杀了。刘表就进兵截断袁术的粮道。此事在汉献帝的四年。前一年，公孙瓒已经发动刘备和陶谦，进兵山东西北境，以逼袁绍。给袁绍、曹操联合打败。至此，袁术又自己带兵到现在豫东的陈留，又给曹操打败了。袁术逃到九江。

汉朝的九江郡，在现在安徽的寿县，也就是扬州刺史的治所。袁术逃到九江之后，将扬州刺史杀掉，把其地占据起来。寿春虽然是东南重要的都会，其势离北方已经远一步了。陶谦却在此时发动大兵以攻曹操，和下邳（在今江苏邳县境内）地方自称天子的阙宣联合，攻取了山东的泰安、费县，进逼济宁。

这一年秋天，曹操进攻陶谦，连破了十几座城池。明年夏又继续进攻，直打到徐州东境。曹操的攻陶谦，《后汉书》和《三国志》都说他是要报父仇。这句话是不确的。

曹操的父亲名曹嵩，是沛国谯县人。汉朝的谯县就是现在安徽的亳县。他被杀的情形，《三国志·魏武帝本纪》说："董卓之乱，避难琅玡，为陶谦所害。"《后汉书·陶谦传》则说他避难琅玡，陶谦的别将（部将离开主将，自带一支兵驻扎在外面的，谓之别将）有守阴平的，士卒贪他的财宝把他袭杀。这两说须互相补充，才觉得完全。曹嵩避难的琅玡，该是现在山东诸城县东南的琅玡山（后汉有琅玡郡，在今山东临沂县北）。董卓之乱，亳县并没有受影响。曹嵩所以要避难，乃因曹操起兵以讨董卓之故。这是避人耳目，并非逃避兵灾，所以要躲在山里。汉朝的阴平县，在现今江苏沭阳县西北，其地离琅玡山颇近，所以守阴平的兵会把曹嵩杀掉。《后汉书》没说出曹嵩避难的原因。《三国志》则没有说明杀害曹嵩的主名。所以我说：二说要互相补充，才觉得完全。至于《三国演义》之说，则出于《三国志》注引《世语》，《世语》说曹嵩的被害，在泰山、华县之间。汉朝的泰山郡，就是现在山东的泰安县，华县就是费县，大约因陶谦曾夺取其地，所以有此传讹，其说全不足信了。然则曹嵩确系陶谦部将的兵所杀。

做主将的固然有约束部下的责任，然亦只到约束为止。部将的兵杀人，要主将负约束不严以外的责任，也是不合理的。所以因曹嵩被杀，而曹操声言向陶谦报仇，理由并不充足。不过师出无名，以此作一个借口罢了。可见得当时用兵的人，论其实际，无一个不意在扩充地盘了。

曹操这一次的用兵，是颇为残暴的。《三国志》谓其“所过多所残戮”。这个不像曹操做的事情。大约这时候，曹操的兵，系以收编的青州黄巾为主力。其人本系强盗，所以难于约束。然战斗力颇强，所以袁术、刘备、陶谦都非其敌。倘使竟吞并了徐州，则曹操以一人而坐拥两州，形势就更强了。不意忽然跳出一个吕布来。

吕布从长安逃出来之后，就去投奔袁术。袁术很敷衍他。而吕布手下的军队很无纪律，专事抄掠。袁术就有些难于容留他。吕布觉得不安，逃到现在河南的武陟县，去靠河内太守张杨。这时候，长安悬挂赏格，缉拿吕布很急。吕布怕张杨手下的人要谋害他，又逃去投奔袁绍，帮助袁绍攻击常山里的强盗张燕。吕布的武艺是颇为高强的。他手下的军队亦颇精练，而马队尤其得力。

平话中叙述两军争战，大都是将对将厮杀，而兵对兵相厮杀似乎无甚关系。这固然不是事实。然将对将相厮杀，而其余的兵士看着不动，前代亦偶有其事。不过不像平话中所说，以此为决定胜负的要件罢了。像《三国志·吕布传》注引《英雄记》，说李傕、郭汜攻长安时，郭汜在城北，吕布开门迎敌，对郭汜说：“咱俩可约退兵马，一决胜负。”郭汜听了他的话，被吕布用矛刺伤。郭汜的从兵，前来解救。二人乃各自退去。就是一个将对将决斗的例子。这大约是古代战争规模很小时，所遗留下来的打法。吕布能刺伤郭汜，可见其武艺确较郭汜为高强。此等个人的勇力，固然不是战争时决定胜负的唯一条件。然主将能冲锋陷阵，确亦足以引起士卒的勇气。

《三国志·吕布传》说他有良马，唤做赤兔。攻张燕时，常和其亲近将校冲锋陷阵，因此得把张燕的兵打破。注引《曹瞒传》说，当时的人有句口头话，说“人中有吕布，马中有赤兔”。到后来，吕布被曹操擒获时，他对曹操说：“你所怕的人，也没有超过我的。现在我已经服你了。倘使你带了步兵，我带了马兵，天下不足定也。”他做了俘虏，还说得出这几句话，可见他马队的精强，确非虚语了。兵在精而不在多，曹操的青州兵，以御陶谦、袁术、刘备等久疏战阵、乌合凑集的兵（据《三国志·先主传》刘备离田楷归陶谦时，只有兵一千多人。此外便是杂胡骑及略得的饥民等），虽然有余，以当吕布的兵，确乎是遇着了劲敌了。然而吕布生平，也到处吃军队不守纪律的亏。他在袁绍处便因此而站不住脚。再想投奔张杨，路过陈留，却一时交到好运。

陈留太守张邈，是和曹操最有交情的人。曹操的起义兵讨董卓，张邈就是最先赞助他的。这时候，曹操东征徐州，还对家属说：“我如其死了不回来，你们可以去依靠张邈。”其交情深厚如此。陈宫也是曹操的亲信。曹操本来是以东郡太守发迹的。这时候东征陶谦，陈宫却留守东郡，其为亲信可知。不知如何，两个人却反起曹操来了。

《三国演义》说曹操借献宝刀为由，想要刺死董卓，未能成功，情虚脱逃。董卓行文各处捕拿他。这时候，陈宫正做县令。

曹操于路为其所获。陈宫密问，知其用意，感其忠义，弃官与之同逃。路过曹操故人吕伯奢家，同往投宿。伯奢殷勤招待，自己出去买酒，吩咐家人预备肴馔。曹操心虚，听得厨下磨刀之声，疑其有不良之心。再听，又听得里面说道："缚而杀之可乎？"曹操说："是了。"就和陈宫拔剑入内，把吕伯奢家人一齐杀死。直杀到厨下，见绑着一只猪。陈宫说："孟德心多，误杀好人了。"两人只得匆匆起行。路遇吕伯奢买酒回来，曹操又把他杀掉。陈宫大骇。曹操说："宁可我负天下人，不可使天下人负我。"陈宫闻言，恶其狠心毒手，乘曹操熟睡后，想要把他杀掉。再一想，这也不是事，就弃了曹操而去。这是演义上妆点附会的话。

董卓废立后，曹操改变姓名、弃官东归是有的，却并非因献刀行刺。王允、吕布合谋诛杀董卓，还不能禁李傕、郭汜的造反，以致长安失陷。单刺死了一个董卓，又将如何呢？曹操路过中牟县（今河南中牟县），为亭长所疑，捉住送到县里。有认得他的人，把他释放了，这事情也是有的。然县令并非陈宫。

又曹操过成皋（今河南汜水县）时，到故人吕伯奢家，把他家里的人杀掉，则见于《三国志》注引《魏书》《世语》及孙盛《杂记》。《魏书》说曹操带数骑到吕伯奢家，伯奢不在。他的儿子要和宾客（没有亲族关系，也够不上算朋友，而寄食人家的谓之宾客。文的如门客，武的如上海的老头子家里养活几个白相人，都可以谓之宾客）打劫曹操的马和行李。"曹操手刃击杀数人。"《世语》说伯奢不在，他的五个儿子殷勤招待曹操，而曹操"疑其图己，手剑夜杀八人而去"。《杂记》说曹操"闻其食器声，以为图己，遂夜杀之，既而凄怆曰：宁我负人，无人负我。遂行"。这件事的真相未知如何。然曹操本来是有些武艺的（《三国志·魏武帝本纪》引孙盛《杂记》，说曹操“曾私入中常侍张让室。让觉之，乃舞手戟于庭，逾垣而出”），汉朝离战国时代近，战国以前本来道路不甚太平。走路的人要成群结队，带着兵器自卫。居家的人亦往往招集徒党，做些打家劫舍，或打劫过往客商之事，根本不足为奇。曹操因疑心吕伯奢家而将其家人杀掉，或吕伯奢的儿子想要打劫曹操而被曹操所杀，都属情理所可有。不过其中并无陈宫罢了。

《三国志·吕布传》注引《英雄记》说：陈宫归吕布后，吕布部将郝萌暗通袁术造反，陈宫亦与通谋。吕布因其为大将，置诸不问。则陈宫似乎是一个反复无信义的人。但《英雄记》的话亦难于全信。

至于张邈，《三国志》说因袁绍和他不和，叫曹操杀掉他，曹操不听，而张邈疑惧曹操终不免要听袁绍的话，因此就和陈宫同反，这话也不近情理。

总而言之，历史上有许多事情，其内幕是无从知道的。因为既称内幕，断非局外人所能知，而局中人既身处局中，断不肯将其真相宣布。除非有种事情形迹太显著了，太完备了，才可以据以略测其内幕，此外则总只好付诸阙疑之列了。陈宫、张邈为什么要叛曹操，似乎也只好付诸阙疑之列。然而这确是当日东方兵争史上重要的一页。

汉献帝五年夏，曹操东征徐州，张邈、陈宫叛迎吕布。兖州郡县到处响应，曹操后方的大本营，此时由荀彧、程昱主持，只保守得鄄城（在河南省濮阳东）。此外则只有范（今河南省范县）、东阿（今山东阳谷县阿城镇）两县固守不下。此时确是曹操生死存亡的一个关头。倘使其大本营而竟为吕布所破，或者曹操还救，而其主力军队竟被吕布所粉碎，则徐州未得，兖州先失，曹操就要无立脚之地了。幸得三县固守，而曹操东征的兵力也还强盛，乃急急还救。此时吕布屯兵濮阳，《三国志·魏武帝纪》中，曹操说：“吕布一旦得一州，不能据东平（汉郡，今山东东平县），断泰山、亢父（今山东济宁县南）之道，乘险要我，而乃屯濮阳，吾知其无能为也。”遂进兵攻之。这话亦系事后附会之辞。吕布的军队是颇为精锐的。他大约想诱致曹操的兵，一举而击破其主力，所以不肯守险。果然，战时，吕布先用骑兵去攻青州兵。青州兵摇动了，曹操阵势遂乱，给吕布打败。这就是《演义》上渲染得如火如荼的濮阳城温侯破曹操一役。然曹操兵力本强，又是善能用兵的人，断不至于一败涂地。于是收兵再进。相持百余日，这一年，蝗虫大起，谷一斛卖到五十多万钱。汉朝的一斛，相当于现在的二斗，谷价廉贱时，一斛只卖三十个铜钱。现在卖到五十多万钱，是加出两万倍了。物质缺乏如此，军队安能支持？曹操只得把手下的兵遣散一部分。吕布也只得移屯山阳（汉郡，今山东金乡县）。如此，吕布的攻势就顿挫了，旷日持久，自然于曹操有利。到明年，吕布就为曹操所击破，此时陶谦已死。刘备初与田楷同救陶谦，就离田楷归陶谦，屯于小沛（今江苏沛县）。陶谦死时，命别驾糜竺往迎刘备为州牧。刘备遂领有徐州，吕布为曹操所破，就去投奔刘备。刘备也收容了他。

刘备的才略自然非陶谦之比。倘使他据徐州稍久，未尝不可出兵以攻击曹操，倒也是曹操一个劲敌。苦于他旧有的兵力和徐州的兵力都太不行了。而才得徐州，袁术又来攻击。袁术本来是和刘备站在一条战线上的，论理他这时候该和刘备联合以攻曹操。他却贪图地盘，反而进攻刘备。刘备和他相持，吕布又乘虚以袭其后。刘备腹背受敌，只得逃到现在的扬州，遣人求和于吕布。吕布也要留着刘备以抵御袁术，就招他还屯小沛。于是徐、扬二州，因刘备、吕布、袁术三角式的相持，不足为曹操之患，曹操就得以分兵西迎献帝了。

曹孟德移驾幸许都

诸葛亮隆中之对，有一句话说："今曹操已拥百万之众，挟天子以令诸侯，此诚不可与争锋。"这句话，是人人知道的。挟天子以令诸侯，大家都以为是曹操胜利的一个条件了。其实亦不尽然。

中国从前的皇帝，实际上并没有什么号召力。除掉异族侵入时，大家把他看做民族国家的象征之外（明朝的皇帝昏庸暴虐的很多，清朝时候，秘密社会里，却持反清复明的宗旨很久，就是为此），这一座宝位不论谁坐都好。自食其力的百姓，何苦要帮这一个、打那一个呢？

即如前汉为王莽所篡，后来光武帝兴起，还是前汉的子孙。而且王莽末年起兵的，真正汉朝的子孙和冒充的汉朝的子孙，光武以外还有好几个。大家就都说人心思汉，所以起兵的都要推戴汉朝的子孙，或假托汉朝的子孙，以资号召了。其实哪有这一回事？要是人心真个思汉，为什么王莽篡汉时，除掉几个姓刘的和一个别有用心的翟义之外，再没有人起而替汉朝抱不平？倒是王莽灭亡时，还有许多人对他效忠、替他尽节呢？然则把王莽说得如何坏，又说当时海内的人心如何思汉，怕只因写《汉书》的班固本是汉朝的亲戚；他又是一个无识见的人，根本不懂得历史是国民的公物，而只把它看成一家的私物罢？（《汉书》也是一部大家崇奉的名著。其实班固这个人是无甚识见的，根本不配写历史。只要看《汉书》的末了一篇《叙传》，就可以知道。《汉书》的所以被人崇奉：（一）由中国人崇古的观念太深。（二）由古书传世的少了，没有别的书同他校勘，其弱点不易发现。这是一切古书都是这样的，不独《汉书》。《汉书》中自然也有一部分好东西，这是由于作史的总是把许多现成材料编辑而成，并非一个人所作，根本不是班固一人的功劳。）

然则说三国史事，一定要把蜀汉看做正统，魏、吴看做僭窃，也不过是一种陈旧的见解罢了。就说曹操的成功，和挟天子以令诸侯有多大的关系，也是一个不正确的见解。试问当时因曹操挟天子而归顺他的，到底是哪一个？刘备、孙权不就是明知其挟天子而还要和他抵抗的么？然则曹操的所以不可与争锋，还是拥百万之众的关系大，挟天子以令诸侯的关系小。曹操所以能有相当的成功，还是因其政治清明，善于用兵，和挟天子以令诸侯，根本没有多大的关系。

虽然如此，所谓皇帝，在事实上如其略有可以利用之处，想做一番事业的人还是要利用他的。这不过是政治手腕的一个方便，以利用为便则利用之，以推翻为便则推翻之罢了。这在汉献帝初年，本来有两条路可走。当东方州郡起兵讨伐董卓之时，别立一君，而否认了汉献帝，本亦无所不可。所以袁绍就想走这一条路，因刘虞的不肯做傀儡而未能成功。到曹操平定兖州之后，要出来收拾时局，这时候的形势，利用汉献帝却比推翻汉献帝便利些。所以曹操就走了后一条路了。

曹操的打退吕布，平定兖州，事在汉献帝兴平二年（195），即献帝即位后的第六年。这一年冬天，献帝逃到河东。其明年，为建安元年（196），即献帝即位后的第七年。七月里，献帝回到洛阳。这一年春天，曹操早就打平了现在的淮阳，和洛阳的形势更为接近了。献帝在洛阳，为什么不能自立，一定要叫一支外兵进来呢？说是为饥荒，这句话是似是而非的。饥荒是要望人家来进贡的，用不着带兵来。带了兵来，粮食、赏赐只有格外竭蹶。然则这时候所以要召外兵，还是在中央的几个人势均力敌，不能够互相吞灭，而要召外兵以为援罢了。

《三国志·吕布传》注引《英雄记》，说汉献帝在河东时，曾有诏书叫吕布去迎接他。这一道诏书不知是谁的意思？据事迹推测起来：张杨和吕布是要好的。这时候，张杨业已遣人进贡，汉献帝很得他接济之力。这个主意出于张杨，也很有可能。吕布在这时候，正苦于漂泊无归，找不到一个地盘。而他是诛董卓有功的人，在中央也有相当的历史。倘使带兵勤王，倒也名正言顺，在于他，实在是一个好机会。苦于吕布的军队太穷困了，连开拔费都筹划不出来。因此没有能去。

后来汉献帝又靠张杨帮助之力，才得回到洛阳。这时候，驻扎在京城里的，是韩暹和董承二人。张杨仍在河内，杨奉则驻扎在河南的商丘县。他的兵在诸人中最强。韩暹和董承争权。董承便去勾引曹操，叫他进京。曹操这时候既然平定了兖州，落得再向西南发展，平定豫州，把洛阳也收入自己势力范围之内。要达到这个目的，推翻汉献帝，自不如拥护汉献帝为便，所以曹操就走了勤王的一条路。这正是我所说的政治手腕上的一个方便，可以利用则利用之。

勾结着曹操去勤王，只是董承一个人的意思。其余诸人有没有问题呢？韩暹大约不足顾虑。杨奉有强兵，张杨是一郡的太守，而且献帝从河东到洛阳，一路得其接济之力。他的举动是比较成气候一些的。倘使要和曹操反对，也是一个小小的阻力。固然，曹操的兵力不会怕这两个人，但能不打总是不打的好。竞争的时候，人人都想保存实力，谁肯妄耗实力呢？好在当这时候，曹操对这两方面都有相当的接洽。

原来这时候，有一个人唤做董昭，本是袁绍手下的人。因为袁绍听信了人家的话，想要加罪于他，他就想走向中央政府去投效。路过河内，被张杨留了下来。这时候，汉献帝尚在河东。曹操也派人去进贡。路过河内，也被张杨所阻。董昭知道曹操的做事是最为有望的，便替他运动张杨，放他的使者过去。后来张杨连董昭也放走了。董昭到了河东，献帝拜为议郎，就做了中央政府的官。这时候，董昭对于曹操，大约抱有很大的希望。所以运用机谋，到处替他开通道路。董昭知道杨奉的兵最强，却没有党与，他的意思一定希望拉帮手的，就替曹操写了一封信给杨奉，说“现在的局势，不是一个人独力所能平定的。最好你在内中做主，我做你的外援。而且你有的是兵，我有的是粮，我可以供给你。我们两个人正好合作”。杨奉得书大喜。于是曹操进京勤王的阻力，全然除去了。

献帝还洛阳未久，曹操也就到了洛阳。董昭又对他说："在这里，人多主意多，由不得你一个人做主。不如把皇帝搬到许县（今河南许昌县），只说是洛阳饥荒，为就粮起见。到那里，就离你的兖州近，脱出了这班带兵的人的势力范围了。"曹操说："这真是好主意。但杨奉怎肯安然放我们过去呢？"董昭说："杨奉勇而无谋。我们只要再写封信敷衍他，而且送他些礼物。到他觉悟，事已嫌迟了。"曹操又听了他，一面写信送礼物给杨奉，一面就把汉献帝搬到许县。果然，杨奉觉悟了，想要在路上拦阻，已经来不及了。

曹操到了许县，立刻和杨奉翻脸，发兵去讨伐他。杨奉怎敌得曹操。此时韩暹亦已逃到杨奉处。只得两个人同去投奔袁术。后来合了袁术去打吕布。吕布又派人去运动他们倒戈，说我打仗所得的油水全给你们。二人欣然允诺，反和吕布合力，把袁术的兵打得大败。然而这种强盗般的行径，终究是站不住的。再后来，杨奉给刘备骗去杀掉。韩暹发急了，他本来是山西的强盗，想要跑回老家，在路上给人杀掉了。他的同党李乐，算是病死的。胡才为怨家所杀。李傕、郭汜一班人，郭汜是给自己的部将杀掉的。张济因没有给养，走到南阳境内，去攻击穰县（今河南邓县东南），为流矢所中而死。他的侄儿张绣，统领了他的兵，归附了刘表。建安三年，汉朝下诏书给关中诸将段煨等，令其讨伐李傕，把他三族都灭掉。于是从董卓以来，扰乱中央政府的一班人，大概完了。只剩得一个董承。董承本来是牛辅的余孽，哪里是什么公忠体国的人？他叫曹操进京，也不过是想借曹操的力量，排除异己罢了，哪里会真和曹操一心？所以后来，又有奉到什么衣带诏，说献帝叫他诛灭曹操之说。从董卓拥立之后，到曹操进京之前，这一班拥兵乱政的人的行径，献帝还领教得不足么？就是要除曹操，如何会付托董承呢？这话怕靠不住罢？曹操到这时候，势力已成，也不怕什么董承不董承了。所以董承一党人，徒然自取灭亡之祸。只有一个刘备，因在外面，是走脱的。这是后话。

曹操这时候，在名义上做了汉朝的宰相，实际上也得到了一大块地盘，是很有利益的。这一次的事情，得董昭的力量实在不小。董昭并不是曹操的谋臣策士，而如此尽力帮他，那是由于扰乱之际，顾全大局的人总想要大局安定。而要想大局安定，总要就有实力的人中拣其成气候的而帮他的忙。这是从来的英雄所以能得人扶助的原因。明朝的王阳明先生说："莫要看轻了豪杰。能做一番大事业的人，总有一段真挚的精神在内。"可见天下事一切都是真的，断不是像平话家所说，用些小手段可以骗人的啊！

袁绍和曹操的战争

袁绍是曹操的大敌。他不但地广兵强，在社会上声望很高，势力极大，即论其才具，在当时群雄中，亦当首屈一指。从袁绍败后，北方就没有人能和曹操抵敌的了，虽然并没有全平定。曹操的破袁绍，事在汉献帝建安五年（200）。《三国志·魏武帝本纪》说："初，桓帝时，有黄星见于楚宋之分（古人有分野之说，把天文、地理都分划做若干部分，说那一部分天象的变动，主地面上那一部分的休咎，也是一种迷信之谈）。辽东殷逵善天文，言后五十岁，当有真人起于梁、沛之间，其锋不可当。至是凡五十年，而公破绍，天下莫敌矣。"这些话，固然是附会之谈，然而当时的人重视袁曹的战争，也就可想而知了。

怎说袁绍的才具并不算弱呢？读史的人都说袁绍地广兵强，而当曹操没有平定河南以前，不能起而与之争衡，坐令他破陶谦，平吕布，且收服了刘备，赶走了袁术，到他养成气力，挟天子以令诸侯，再要起来和他争衡，就难了。其实不然。

要和大敌争衡，先要后方没有顾虑。袁绍的地盘，是现在河北、山西两省，在建安四年（199）以前，问题正多着呢。别的且不论，公孙瓒就是到建安四年三月，才给袁绍灭掉的，而在建安三年的冬天，吕布业已给曹操灭掉了。到四年的春天，河内太守张杨为其将杨丑所杀，又有一个唤做眭固的，杀掉杨丑，归附袁绍，曹操就进兵把他打破，这一年八月里，曹操进兵黎阳（汉县，在今河南浚县东北），旋又回兵，而分兵把守官渡（城名，在今河南中牟县东北）。此时曹操的兵力，业已达到河北了。袁绍从公孙瓒破灭以后，就派他的大儿子袁谭去守青州，第二个儿子袁熙去守幽州，又派他的外甥高幹去守并州，其布置并不算迟。

至于说他坐视曹操入居中央，挟天子以令诸侯，以至于己不利，则当时挟着一个天子，实际并无甚用处，在上一节中业经说过；而袁绍在曹操迁献帝许都之后，曾经挟着兵威，胁迫曹操，要令他把献帝迁徙到鄄城（汉县，在今山东濮城县东），置于自己势力范围之内。袁绍的本意，是要否认献帝的，此时又有此转变，其手段也不算不敏捷。曹操自然是不肯听的，因为曹操断不是虚声所能恐吓的；袁绍此时，既因河北内部尚有问题，不愿和曹操以实力相搏，自然只好听之而已。然而袁曹的成败，始终和挟天子与否无关，所以这也算不得袁绍的失策。

这时候，曹操的后方，也不是绝无问题的。其中最足为患的，就是屯扎在穰县（今河南邓县）的张绣。因为他的地势，可以南连刘表，是有接济的。然而张绣听了贾诩的话，却投降了曹操。

贾诩所以劝张绣投降曹操，大约因兵力不足和曹操相敌，袁绍相隔太远，不能应援，刘表又系坐观成败之徒，未必能切实联合之故。《三国志·贾诩传》载他劝张绣的话：（一）是因曹操挟天子以令诸侯；（二）则袁绍兵多，你投降他，他未必看重，曹操兵少，你投降他，他必另眼相看之故。怕也未必确实的。张绣的投降，是建安四年十一月的事，到十二月，曹操就又进兵官渡了。

然而张绣之难甫平，刘备之兵又起。原来这时候，袁术在淮南，因其荒淫过甚，弄得民穷财尽，不能立脚，想要去投奔袁绍，打从下邳经过，曹操便派刘备去拦截他。刘备是有野心的，不肯服从曹操，他把袁术拦截回去，袁术又气愤，又穷困，病死了，他却和董承通气，说奉到了献帝的衣带诏，叫他们诛灭曹操，就在下邳起兵。把徐州刺史车胄杀掉，屯兵小沛。

曹操派刘岱、王忠去打他，都给他打败了。建安五年正月，董承等阴谋发觉，都给曹操杀掉，曹操立刻起兵东征。这件事，《三国志·魏武帝本纪》上说："诸将皆曰：'与公争天下者袁绍也，今绍方来，而弃之东，绍乘人后，若何？'公曰：'夫刘备，人杰也，今不击，必为后患。袁绍虽有大志，而见事迟，必不动也。'郭嘉亦劝公。"曹操遂决计东行。《袁绍传》上说：曹操攻刘备时，田丰劝袁绍袭其后方，袁绍说儿子有病，不听。"丰举杖击地曰：'夫遭难遇之机，而以婴儿之病失其会，惜哉！'"这也是事后附会之谈。

曹操是善于用兵的人，后方决不会空虚无备；况且当时曹操也有相当的兵力，后方决不至于空虚无备。袁绍的根据地在河北，要袭击许昌，先要渡过黄河，渡过黄河之后，还有好几百里路，决非十天八天可以达到。如其说轻兵掩袭，那是无济于事，徒然丧失兵力的。刘备初起兵，力量有限，未必能牵制曹操许久。这一点，曹操和袁绍都是明白的。曹操所以决计东征，也是为此。

接触之后，自然是刘备败了，便投奔袁绍。当时守下邳的是关羽，孤军自然难于抵抗，就暂时投降。关羽的投降，的确不是真降的，至于封金、挂印、过五关、斩六将等事，就都是演义上渲染之谈，无关宏旨的了。

刘备在当时，兵力虽然不足，然而他是个有野心、有能力的人，倘使曹操和袁绍以主力相持，而刘备从后方捣乱，这确是一个大患，所以曹操要先把他除掉。刘备既败之后，曹操后方就无甚可怕的捣乱之徒了。

当时还有一个臧霸，本来是泰山一带的强盗。他是服从吕布的。曹操破吕布后，招降了他，就把青、徐二州的事情交给他。这时候，臧霸颇能出兵以牵制袁绍，所以曹操不怕袁绍从现在山东的北部进兵。不过臧霸的兵力，亦只能牵制袁绍不从这一路进兵而已，要想捣乱现在的河北，成为袁绍的大患，其兵力也是不够的。于是袁曹二人，不得不各出全力，在现在河南境内的黄河沿岸，决一死战。

建安五年二月，袁绍派颜良等攻东郡太守刘延于白马城（汉县，在今河南滑县东）。袁绍带着大兵，进至黎阳。四月，曹操自己带兵去救刘延。荀攸因袁绍兵多，劝曹操引兵西向延津（黄河渡口，在今河南延津县北），装出要绕道袭击袁绍后方的样子。袁绍果然分兵而西。曹操就赶快引兵回来，派张辽和关羽先登，把颜良击斩。关羽就在这时候，封书拜辞曹操，走归刘备了。于是袁绍整兵渡河，攻击曹操。刘备和文丑先到。曹操又把文丑击斩。《三国志·魏武帝本纪》说："良、丑皆绍名将也，再战悉禽，绍军大震。"颜良、文丑之死，曹操固然先声夺人，然而袁军的主力并没有动，胜负还是要决一死战的。

曹操破颜良、文丑之后，回兵官渡。袁绍便进兵阳武（今属河南原阳县）。彼此相持，直到这一年八月里，袁绍才慢慢地进兵，靠着沙堆扎营，从东到西，连绵好几十里。曹操也分兵和他相持。出兵决战，曹操的兵不利。袁绍就进攻官渡。在地面上筑起土山，地下掘了隧道，要攻破曹操的营。这时候，曹操的兵势是很危急的。论起防守来，曹操自然有相当的力量，然而兵既比较少，粮食又要完了，眼看着不能支持。

于是曹操写一封信给后方的荀彧，商议要退兵回许都。当时曹操的兵势既较袁绍为弱，倘使一动脚，袁绍乘机追击，是很危险的。所以荀彧的复信说："公以至弱当至强，若不能制，必为所乘。"又说："此用奇之时，不可失也。"这不过说退军决无全理，叫他不论什么险路，到此时也只得拼死干一干罢了。

《三国志》上所说的兵谋，大都是靠不住的。这大约因军机秘密，局外人不得而知，事后揣测，多系附会之谈，而做历史的人所听见的，也不过是这一类的话之故。独有荀彧这一封信，据《三国志》本传注引荀彧的《别传》载曹操表请增加荀彧封邑的表文，曾经郑重地说及。官文书不能伪造，可以相信其是真的。

我们因此可以窥见当时兵事形势的一斑。形势是不得不冒险了，险却怎样冒法呢？那还是只有在兵粮上想法子。当时袁绍有运粮的车子几千辆到了，曹操派兵袭击，把他尽数烧掉。然而还不能摇动袁军，这大约因袁军粮多，不止这一批之故。到十月里，袁绍又派车辆出去运粮。这一次，袁绍也小心了，派淳于琼等五个人带着一万多兵去护送。

据《三国志》说，袁绍手下有一个谋士，唤做许攸，性甚贪财，袁绍不能满足他，许攸便投奔曹军，劝曹操去袭击淳于琼。曹操左右的人都疑心他。只有荀攸、贾诩两个人劝曹操去。于是曹操带着马、步兵五千，夤夜前往。到那里，已经天明了。淳于琼等见曹操兵少，直出营门排成阵势。曹操向前急攻。淳于琼等退入营内。曹操就直前攻营，把营攻破，淳于琼等都被杀掉。这一次，曹操大概是舍生忘死，拼个孤注一掷的。

《三国志·魏武帝本纪》说，袁绍听得曹操攻淳于琼，对袁谭说道："我趁这时机，把他的大营打破，他就无家可归了。"就派张郃、高览去攻曹操的大营，不能破。后来听得淳于琼被杀，张郃、高览就投降了曹操。

《张郃传》则说：郃闻曹操攻淳于琼，劝袁绍派兵往救。郭图说不如去攻曹操的大营。张郃说：曹操的营很坚固，攻他必不能破。袁绍不听，而听了郭图的话，只派些轻骑去救淳于琼等，而遣张郃和高览去攻曹操的大营。果不能破，淳于琼等却被曹操杀了。郭图觉得惭愧，反对袁绍说："张郃等闻兵败而喜。"郃等因此畏惧，就去投降曹操。这些话，也都是不实的。

淳于琼屯兵之处，名为乌巢，离袁绍的大营只有四十里。倘使来得及救援，袁绍不是兵少分拨不开的，何难一面派兵去攻曹操的大营，一面再多派些兵去救淳于琼等？曹操的兵不过五千，淳于琼等的兵已有一万，袁绍倘使再派马兵五千名去，也比曹操的兵加出三倍了，何至于还不能敌？倘使还不能敌，相隔四十里，续派大兵何难？何至淳于琼等还会被杀？可见曹操的攻淳于琼，是迅雷不及掩耳的。他所以只带马、步兵五千，正因兵多容易被人觉察之故。然则当时淳于琼等被攻的消息达到袁绍的大营时，怕早已来不及救援。派张郃、高览去攻曹操的大营，也不过无聊的尝试而已。袁绍连营数十里，而曹操能分兵和他相持，其兵数虽不如袁绍之多，亦必不能甚少。曹操攻淳于琼等，不过抽去五千人，何至于大营就不能守呢？据此看来，可见历史上所传的情节，多非其真，读书的人不可不自出手眼了。

淳于琼等既破，张郃复降，据《三国志》说：袁绍的兵就因此大溃，袁绍和袁谭都弃军而走，曹操大获全胜。这大约因袁绍的兵屯扎日久，锐气已挫，军心又不甚安宁，遂至一败而不可收拾。曹操的攻淳于琼，固然有胆气，也只是孤注一掷之举，其能耐，倒还是在历久坚守、能挫袁军的锐气上见得。军事的胜败，固然决于最后五分钟，也要能够支持到最后五分钟，才有决胜的资格哩。

《三国志·袁绍传》说：袁绍未出兵之前，田丰劝他分兵多枝，乘虚迭出，曹操救左则击其右，救右则击其左，使其军队疲于奔命，百姓亦不得安业，不要和他决胜负于一旦。袁绍不听。颜良、文丑被杀之后，沮授又说：北兵数多而不及南兵之精，南兵粮草缺乏，财力不及北兵的充足，所以南军利在速战，北军利在缓战，宜用持久之计。袁绍又不听，以至于败。这两说也不确实。

田丰的话，袁绍固然没有听，然而袁绍从四月里和曹操相持，直到八月里才进攻曹营，可谓已充分利用持久之计。当时曹操因军粮垂尽，议欲退还许都，就是袁绍持久之计的效验；不幸曹操的兵，实在坚固难于动摇，以致功败垂成罢了。至于袁绍既进兵，还是用稳扎稳打之博学计，则本来并不冒险，田丰之计听不听也无甚关系。所以说历史上的话，总是不可尽信，我们读书非自出手眼不可的。

袁绍兵败之后，当时北强南弱之势，遂变为南强北弱。然亦不过南强北弱而已，说曹操的兵力就可以一举而扫荡袁绍，那还是不够的。当时曹操乘势追击，冀州郡县多有投降曹操的。然袁绍回去之后，收合散兵，就又把降曹的郡县收复了。曹操的用兵是最精锐不过的，倘使力足扫荡河北，岂肯中途停顿？可见袁绍的兵力也还足以自守。不但如此，当袁绍未败之时，还分兵给刘备去攻略汝南（汉郡，治平舆，今河南汝南县）。汝南降贼龚都等就做了他的内应。可见袁绍对于扰乱曹操的后方，亦很注意。不过大军既败，此等游军就无甚用处罢了。

曹操既不能扫荡河北，就回兵许都。旋又出兵南征。刘备就逃奔刘表，龚都等都逃散了。这是建安六年（201）冬天的事。七年（202）春天，曹操又进兵官渡。这一年五月里，袁绍病死了。手下的人立了他的小儿子袁尚，因此和袁谭兄弟失和。然而曹操进攻，还没有能够竟把他打平。到建安八年（203）五月，曹操已把攻取河北之事，暂时搁起，回兵许都，八月里，出兵南征刘表了。

袁谭和袁尚，却因曹兵退去，自相攻击。袁谭被袁尚打败了，派人求救于曹操。曹操见机会不可失，才再回兵攻取河北。从建安九年（204）二月里攻击袁尚的根据地邺城（汉邺县，今河南临漳县），到八月里才攻下。袁尚是本来在外面的，逃到中山（今河北定县）。此时袁谭已乘机占领了冀州的东部，就去攻击袁尚，袁尚逃到故安（汉县，今河北易县东南）去，依靠袁熙。曹操突然又和袁谭翻脸了。建安十年（205），在南皮县（今河北南皮县）地方把他攻杀。袁熙、袁尚逃入乌丸。

乌丸亦作乌桓，乃是一种异民族，在现今热河、辽宁境内的，屡次侵犯边界。建安十一年（206），曹操筹划出兵去征伐他，在现在河北的东北境辟了两条水路，以便运粮。十二年（207）七月里出兵，因沿海大水，道路不通。先是刘虞被公孙瓒所杀，他手下的田畴，立意要和他报仇，就带着宗族，入居徐无山中（在今河北遵化县西）。避难的人民依附他的很多。田畴替他们立起章程，申明约束，居然很有条理，北边都很信服他。曹操出兵时，把田畴也招罗在军中。田畴说：旧北平郡之北，本来有一条路，出卢龙塞到柳城去的（这是从今遵化向东北出龙井关的路。柳城，汉县，在今辽宁兴城县西南）。从后汉以来，路绝不通，然而还有些痕迹。倘使从这一条路出兵，攻其不备，一定可大获全胜的。曹操听了他的话，就从这条路出去。果然一战而杀了三个乌丸的酋长，剩下来一个，和袁熙、袁尚逃到辽东。当时的辽东太守是公孙康，也是要据地自立的，袁熙、袁尚的资格岂能服从他？所以有人劝曹操进兵辽东，曹操就逆料他们不能相容，径从柳城回兵。果然公孙康把袁熙、袁尚的头送来了。到此，袁氏才算全灭。

从建安四年袁曹交兵至此，前后共历九年，和曹操的破陶谦、吕布、袁术等，前后不过两三年的，大不相同。所以说袁绍确是曹操的一个劲敌。

赤壁之战的真相

赤壁之战，是三国史事的关键。倘使当时没有这一战，或者虽有这一战而曹操又胜了，天下就成为统一之局而不会三分了。所以这一战，实在是当时分裂和统一的关键。

要知道赤壁之战的真相，先要知道当时曹、刘、孙三方面的形势。

刘备是个有领袖欲的人，他是不甘心坐第二把交椅的。所以当他和曹操联合破灭吕布之后，他很可以依附曹操，做一个资深望重的大员了。他却不肯甘心，又和董承勾结，反叛曹操。到被曹操打败了，则始而投奔袁绍，继而投奔刘表。这时候，他和曹操业已成为不可复合之势。简单明了些说，他若再投降曹操，曹操必不能容他，而他也决不会是真心的。所以他对于曹操，无论兵势如何，总是要抵抗到底的。

至于孙权，情形就大不相同了。我们要说到孙权，又得先说到他的哥哥孙策。孙坚有四个儿子：大的唤做孙策，第二个就是孙权，第三个唤做孙翊，第四个唤做孙匡。孙坚是和袁术联合的，他死了之后，他的儿子自然是依靠袁术。孙策也是个轻剽勇敢的人，大有父风。袁术看他不错，就把孙坚手下的人都还了他。他曾替袁术打过好几次仗，都是胜利的，袁术是个赏罚不明、不能用人的人，派他出去打仗时，允许他战胜之后如何酬劳他，后来都不能实践。

孙策心中失望，觉得在袁术手下，一辈子没有出路，就自告奋勇，愿去平定江东。江东就是江苏省里长江以南的地方，现在称为江南，古人却称为江东，而把对江之地，称为江西。古人所说的江南，是现在湖南地方。这是闲话，搁过不提。后汉时，江东西同属扬州。扬州刺史本来驻扎在寿春，就是现在安徽的寿县。这时候，寿春给袁术占据了，扬州刺史刘繇只得寄治在曲阿，在现今江苏省丹阳县地方。虽然兵力有限，也还能和袁术相持，袁术一时不能吞灭他。到孙策渡江而东，情形就大不相同了。孙策是最剽悍善战的，一渡江，就把刘繇打败，刘繇逃到现在江西的湖口，不多时就病死了。于是从江苏到江西沿江一带，全成为孙策的势力范围。孙策就不再服从袁术，袁术称帝时，公然写信和他绝交了。

曹操在这时候，势力还顾不到江东，而且他和袁术是反对的，自然要拉拢孙策。于是表荐他，加他讨逆将军的称号，封为吴侯。

建安五年，曹操和袁绍正在隔河相持，孙策也要出兵渡江而北，不想还没有开拔，就给人家刺死了。你道是为什么呢？原来当孙策到江东时，有个吴郡太守（后汉分会稽郡所置的郡，治所即今江苏的吴县）唤做许贡，密表汉帝，说孙策骁勇，和项籍相像，该把他早些召回中央，不可听他留在江外，致成后患。孙策是立意要割据一方的，听得这个消息，很不高兴，就把许贡杀掉。许贡的门客，有几个潜伏在民间，想替许贡报仇。孙策最喜欢打猎，他骑的马又好，从人都跟随不上。这一次出去打猎，和许贡的门客狭路相逢，就给他们打伤，回来不久就死了。

孙策这一次的出兵，《三国志》本传说：他是要袭击许都，迎接汉献帝的，这也是痴话。曹操是善于用兵的人，虽然和袁绍相持，后方不会无备，上一节中业经说过了。江东离许都，比河北更远，孙策有多大兵力能去攻袭？别说不能战胜，能否达到，还是个疑问呢！孙策也是个善于用兵的人，有这样傻的么？况且挟着一个天子，实际上并无多大用处，前文也早经说过了。然则孙策的出兵，到底是什么主意呢？这里面，却有一段大家不很注意的故事。

当时有个沛相（汉朝的郡和王国，是一样的等级。王国治民之权在相），唤做陈珪，他是个归心中央的人，看得吕布和袁术一班人很不入眼。当袁术想要称帝，又替他的儿子向吕布的女儿求婚时，陈珪怕他们两人联合，更难平定，就去游说吕布，把他破坏了。又叫儿子陈登去见曹操，说吕布勇而无谋，反复无常，不可相信，要早些设法收拾他。曹操大喜，便拜陈登做广陵太守（广陵郡，本治现在的江都，此时陈登治射阳县，在今淮安东南）。临别的时候，握着他的手说道："东方之事，便以相付。"叫他暗中收合部众，预备做个内应。后来曹操攻吕布时，陈登曾带着本郡的兵，做曹兵的先驱。吕布灭后，汉朝因他有功，加给他伏波将军的名号。《三国志·陈登传》注引《先贤行状》，说他在这时候，慨然有吞灭江南之志。孙策的用兵，几于所向无敌，独有两次攻陈登，都是失败的。孙策心中甚为愤怒。他临死前的出兵，《三国志·孙策传》注引《江表传》，说他是想去攻陈登的，这大约是实情。

孙策用兵甚锐，这一次大举而来，假如不死而渡过了江，陈登能否抵抗，自然是一个问题。然而陈登不是像刘繇等武略不济的人，即使一时失败，必不至于一蹶不振，总还能收合余烬，求救于中央，或者和别一支兵马联合，和孙氏相持。况且孙策善战，陈登未必和他野战，还可用守势对付呢。所以陈登在广陵，确是孙氏的一个劲敌。现在孙策北伐未成，先已自毙，那是中央最好的机会了。曹操却把陈登调做东城太守（汉县，在今安徽定远县东南。此时临时设置太守）。于是隔江之地，就无能牵制孙氏的人，这是曹操的一个失策。到后来，再临江而叹，“恨不早用陈元龙之计（亦见《先贤行状》。元龙是陈登的字）”，就迟了。

孙翊的性质，最和孙策相像。孙策临死时，张昭等都逆料他要把后事付托给孙翊，他却把印绶佩在孙权身上，对他说：“举江东之众，决机于两阵之间，与天下争衡，卿不如我。举贤任能，各尽其心，以保江东，我不如卿。”这几句话，不知道真是孙策说的，还是后人附会。孙权足以当之而无愧，却是实在的。只要看他赤壁战时任用周瑜，袭取荆州时任用吕蒙，猇亭战时任用陆逊，就可知道了。孙策虽然长于战阵，然而平定江东，开创基业，也不是一味勇敢就能办得到的。或者他亦有些知人之明，所以把后事托付给他罢。孙权继任之后，一面整理现在江、浙、皖、赣之地，又频年出兵，攻击江夏（江夏郡在今湖北黄冈县）太守黄祖。到建安十三年（208），把黄祖杀掉。于是孙权的势力，达到现在湖北省的东南部，再向西，就可到现在的汉口，窥伺江陵和襄阳了。而曹操也在这一年进攻刘表。

刘表的性质，究竟是个文人。他只会坐观成败，图收渔人之利，而不会身临前敌，去攻城夺地。此等人物，在天下扰乱时亦足以保境息民，偷一时之安，到天下将定时，就没有立足之地了。建安十三年七月，曹操南征荆州。八月，刘表病死了。他大的儿子唤做刘琦，小的儿子唤做刘琮。刘表和他的夫人蔡氏，都心爱刘琮，要立他为后。刘琦觉得不安，去请教诸葛亮。诸葛亮对他说："君不见申生在内而危，重耳在外而安乎？"刘琦明白了。恰好黄祖为孙权所杀，就乘机请求外出，做了江夏太守。刘表死后，襄阳一方面立了刘琮。对于曹兵，自然无法抵御。九月里，曹操的兵到新野，刘琮就举州投降了。

这时候，刘备屯驻在襄阳对岸的樊城。他对于曹操，是不能投降，而又无从抵抗的，只得渡过汉水，西南而走。《三国志·先主传》说：他走过襄阳时，诸葛亮劝他攻击刘琮，荆州可取。他说："吾不忍也。"这话也未必确实。当时的襄阳，人心自然不定，攻破他自然是容易的，转瞬曹操的大兵来了，却如何能守呢？"诸葛一生惟谨慎"，怕不会出这种主意罢？

刘备于是再向南走。《先主传》说：刘琮的左右和荆州人，归附他的很多，到当阳时，人众已有十几万了，一天只走十几里路。这话或者有些过甚，却不是毫无影响的。因为要做事业，手下一定要有人。老百姓只要饱食暖衣，安居乐业，谁来管你们争天夺地的事情？一个光干，到了什么地方，要发动该地方的民众替自己战斗，决不是容易的，所以基本的队伍决不能弃掉。再加以荆州人不愿降北的，其数自有可观。而两汉三国时代，去古还近，社会的组织含有大家族的意味较多，做官、从军和避难的人，往往带着家族、亲戚走，所以其数之多如此。惟其这样，自然走不快了。

曹操此时，颇有一举而肃清荆州的决心，于是发轻骑，一日一夜走三百里去追击他，追到当阳东北的长阪，追上了。刘备自然不能抵抗，就逃向夏口（就是现在的汉口）去依靠刘琦。

这时候的刘备，显然是日暮途穷。倘使没有人和他联合，大约只好逃向现在的湖南。汉时的湖南还未十分发达，在那里，也决然不能立足的。所以这时候的刘备真是末日将到了。而不期事出意外，却有个孙权来和他联合。

论起孙权的资格和他对曹操的关系来，都和刘备大不相同。

刘备虽然屡战屡败，始终没有得到一个地盘，这只是时运不济。他从灵帝末年起兵，在北方转战十余年，和曹操、二袁、吕布等都是一样的资格，而且素有英雄之名，当时确亦有一部分人归向他。所以曹操见了他，确亦有几分畏惧。

至于孙氏弟兄，虽在江东手创基业，然而当时江东之地，比较上还是无关大局的。所以大家心目中还不甚觉得有这么两个人。《三国志·张昭传》说，当孙策平定江东时，北方士大夫的信札，还是专归功于张昭的。《张纮传》说，孙策死时，曹操要乘机伐吴，张纮把他劝止了。曹操才表孙权为讨虏将军，领会稽太守，而以纮为会稽东部都尉（后汉会稽郡治今浙江绍兴。都尉是武职，称为某部都尉的，亦分管一部分之地，有治民之权），要令他“辅权内附”。所谓“辅权内附”，就是运动甚而至于胁迫孙权来投降。孙策死时，北方的问题多着呢，曹操如何会想到去伐吴？这句话也是不确的。但以张纮为会稽东部都尉，欲令“辅权内附”，这句话却该不诬。当时北方人心目中，看了孙权是怎样一个人，就可想而知了。曹操破了荆州，就想顺流东下，本来犯兵家之忌，贾诩曾经劝止他，而他不听，大概对于孙权，不免低估了些罢？然其所以低估之故，也是所谓资格限人，是极容易犯的错误，怪不得曹操了。

刘表的死耗，达到江东，鲁肃便对孙权说：荆州是个紧要的去处，请借吊丧为名，去看看情形。如其刘备和刘表一方面的人没有嫌隙，我们就得联合他。如其彼此乖离，就得另打主意。孙权允许了他。鲁肃就溯江西上，走到汉口，听说曹操的兵已向荆州，鲁肃也昼夜兼程而进。走到南郡界内，听说刘琮已降曹操了，刘备向南奔逃，鲁肃就径迎上去，和他在长阪相会。劝刘备和孙权联合。刘备自然欢喜。而刘备手下的诸葛亮亦说：“事急矣，请奉命求救于孙将军。”于是鲁肃回去复命，诸葛亮从汉口东行，到现在的九江，和孙权相见。

这时候，在孙权一方面，就要决定降战之计。据历史上的记载，是这样的：孙权聚群下会议，大多数主张迎降。其理由是：（一）曹操托名汉相，和他拒敌，似乎是反抗中央。（二）曹操已得荆州的水军，又有步兵，水陆并进，并非专靠马队，所以长江之险，并不足恃。而其（三）则为众寡不敌。只有鲁肃不开口。孙权出去更衣，鲁肃却跟了出去。孙权知道他有话说，握着他的手道：“你要说什么呢?”鲁肃道：“刚才众人的议论，是要误你的，你别要听他。像我是可以投降曹操的，你却使不得。为什么呢?我在你手下，不过做个官儿，投降了曹操，官还是有得做的，你却怎样呢?”这几句话，正合孙权之意，孙权便表示采纳。这时候，周瑜因事到鄱阳去，鲁肃便劝孙权把他召回，共商降战之计。周瑜到了，就决定迎战。他的理由是：（一）北方并未大定，加以关西还有韩遂、马超，曹操的兵决不能作持久之计。（二）北方的人不善水战，荆州的人又非心服。（三）而且大寒之际，缺乏马草，天时亦不相宜。诸葛亮游说孙权的话，理由也大致相同，于是孙权就决意联合刘备，抵抗曹操了。派周瑜、程普为左右督，鲁肃为赞军校尉，去和刘备协力。

当时两方的兵力：大约北兵是十五六万，荆州的兵有七八万，合计共二十余万。刘备一方面，合水陆兵共有万人，刘琦手下的江夏兵，亦有一万。周瑜、程普的兵，《三国志》上有的地方说各有万人，有的地方又说共有三万，大率鲁肃手下还有些人，合计之共有三万。孙刘之兵，约在五万左右。两方的兵力，约系一与五之比。但在地利及军队的长技上说，南方的兵却是占了便宜的，而黄盖又进火攻之计，就在嘉鱼县赤壁地方，把曹兵打得大败。

曹操果然不能持久，留曹仁守着江陵，自带大兵北归。周瑜又跟着攻击，曹仁守不住，只得把江陵也放弃了。于是长江流域无复北兵踪迹，而南北分立的形势以成。

赤壁之战，军事上的胜败，真相颇为明白，用不着研究。其中只有孙权的决心抵抗曹操，却是一个谜。读史的人，都给“操虽托名汉相，实为汉贼”两句话迷住了，以为曹操是当然要抵抗的，其中更无问题。殊不知这两句乃是周瑜口里的话，安能作为定论？何况照我所考据，曹操确系心存汉室，并非汉贼呢？然则孙权决心和曹操抵抗的理由何在？周瑜、鲁肃等力劝孙权和曹操抵抗的理由又何在？这系从公一方面立论，从私一方面说，也是这样的。

赤壁之战，曹操固然犯着兵家之忌，有其致败之道，然而孙、刘方面，也未见得有何必胜的理由。自此以后，曹操幸而用兵于关西、汉中，未曾专注于南方。倘使曹操置别一方面为缓图，尽力向荆州或者扬州攻击，孙权的能否支持，究竟有无把握呢？孙权和刘备不同。刘备投降曹操，曹操是必不能相容的，所以只得拼死抵抗。孙权和曹操，本无嫌隙，当时假使投降，曹操还要格外优待，做个榜样给未降的人看的。所以当时孙权假使迎降，就能使天下及早统一，免于分裂之祸；而以孙权一家论，亦系莫大的幸福；裴松之在《三国志·张昭传》注里，早经说过了。然则孙权的决意抵抗，周瑜、鲁肃的一力撺掇孙权抵抗，不过是好乱和行险侥幸而已。

《三国志·鲁肃传》说：鲁肃初到江东时，回东城葬其祖母（鲁肃是东城人），他有个朋友，劝他北归，鲁肃意欲听他，特到江东搬取家眷，周瑜却劝他，说从前人的预言，都说“代刘氏者必兴于东南”，劝他不要回去。又把他荐给孙权。见面之后，甚为投机。众人都退了，孙权独留他喝酒。谈论之间，鲁肃便说：“汉室不可复兴，曹操不可猝除，为将军计，惟有鼎足江东，以观天下之衅。”后来孙权称帝时，“临坛顾谓公卿曰：昔鲁子敬尝道此，可谓明于事势矣”（《三国志·鲁肃传》）。《张昭传》注引《江表传》

又说：孙权称帝之后，聚会百官，归功周瑜。张昭也举起笏来，想要称颂功德。孙权却说："如张公之计，今已乞食矣。"可见自立的野心，孙权和周瑜、鲁肃等，早就有之。赤壁之役，孙权聚众议论降战时，反说"老贼欲废汉自立久矣，徒忌二袁、吕布、刘表与孤"，不知帝制自为的，毕竟是谁？事实最雄辩，就用不着我再说了。

刘备取益州和孙权取荆州

赤壁一战，把曹兵打得连江陵都放弃了。此时益州还在刘璋手里，长江流域就全无北兵的踪迹；曹操要再图进取，其势并不容易；所以说经过这一战，而南北分立的形势以成。然而要说三分鼎足，还早呢，因为刘备的地盘太小了。

俗话有借荆州之说，说荆州是孙权的，后来借给刘备，这话是胡说的。荆州怎得是孙权的？后汉的荆州，东境到江夏郡为止，孙权直到赤壁之战这一年，才打破黄祖，还没有能据有其地，不过掳掠了些人民回去，做江夏太守的，依然是刘琦，怎能说荆州是孙权的呢？按照封建时代的习惯，谁用实力据有土地，就算是谁的，可以父子相传。如此，荆州该是刘琦的。所以赤壁战后，刘备便表荐刘琦做荆州刺史。但是话虽这样说，实际上能据有其地，还是要靠实力的。刘琦荆州刺史的名义，孙权虽不便否认，然而南郡是周瑜打下来的，还会将兵退出交给刘琦么？况且刘琦也不久就死了。事实上，当时长江从南郡以下，都给孙权的军队占据了。刘备则屯兵公安县，向现在湖南境内发展，把些地方都打下来了。然而地方毕竟太小，而且湖南在汉时还未甚开发，是不够做一个地盘的。

大家都知道在诸葛亮未出茅庐时，就有所谓隆中（在湖北襄阳县西，据说是诸葛亮隐居之处）之对，他的意思是：（一）曹操不可与争锋；（二）孙权可以联合而不可以吞并；（三）只有荆州和益州是可以取为地盘的；（四）如其取得了，到天下有事的时候，派一员上将，从襄阳出南阳一路以攻洛阳，而刘备自己带着益州的兵，去攻关中，如此，就“霸业可成，汉室可兴”了。

这一篇话，近来读史的人因为它和后来的事实太相像了，疑心它是假的。确实，三国时代所谓谋臣的话，靠不住的太多了。这一篇话，我倒以为无甚可疑的。因为这是当时的大势如此，不容说诸葛亮见不到。但是荆州从襄阳以北的一部分，还在曹操手里。沿江一带的要地，又大半给孙权占去了。刘备在此时，只有觊觎着益州，然而益州是个天险之地，刘璋虽说无用，打进去也不容易。所以刘备在此时，还是局促不能发展。

孙权一方面，却打什么主意呢？其中才雄心狠的，第一个要推周瑜。

他的第一条主意，是趁刘备到现在的镇江去见孙权的时候，把他软禁起来，而把关羽、张飞等分开了，使他们不能联合，而在周瑜指挥之下，去和曹操作战。他这条主意，利害是利害的了。然而刘备被软禁之后，关羽、张飞等能否听周瑜的调度，却是一个大问题。军队是有系统的，尤其是封建时代的武人，全是效忠于主将的，是个对人关系。只要看曹操极其厚待关羽，而关羽还要逃归刘备，就可知道。吕布投奔刘备，刘备投奔曹操。在当时，刘备和曹操何难把他的敌人杀掉？不过因他们手下都是有人马的，一者未免心存利用，二者杀掉了一个人，他手下的还是要和自己反对的，剿抚两难，所以不得不敷衍、隐忍罢了。倘使当时竟把刘备软禁起来，关羽、张飞等怕不但不肯听周瑜的指挥，还会和他争斗起来，斗而不胜，便降附曹操，图报故主之仇，也是可能的。所以周瑜这条主意，太狠而不可行。

他第二条主意，便是合孙权的堂房弟兄孙瑜（孙静的儿子。孙静是孙坚最小的兄弟）去攻益州。攻取益州之后，留孙瑜守其地，而他自己回来和孙权共镇襄阳，以图北方。这条主意，却比较稳健了，至多攻益州无成，损失些兵马而已，所以孙权听了他。

周瑜就回江陵治兵，不想走到半路上病死了。孙权用鲁肃代他，带兵驻扎在陆口（现在的陆溪口，在湖北嘉鱼县西南）。这是建安十五年的事。周瑜是个极端锋锐的人，鲁肃却稳重了，他是始终主张联合刘备以抵御曹操的，所以当他在任时，孙刘方面得以无事。

孙权在这时候，又打了一条主意。派人去和刘备说：要和他共攻益州。刘备和手下的人商量，大家都说可以许他，攻下之后，孙权终不能跨过我们的地方，去据有益州，益州便是我们的了。有一个人，唤做殷观，却说："我们合孙权去攻益州，一定要先行进兵。倘使益州打不进去，退回来，难保孙权一方面的人不截我们的后路，这是很危险的。不如赞成他攻益州，而说我们的地方都是新定，兵不能动，请你自己去打罢。"如此一来，刘备倒好截孙权的兵的后路了，孙权自然也不会上当，就终于没有动兵。

在这种情势之下，益州本来可以偷安，不料刘璋却自己把刘备请进去了。你道是怎样一回事？原来刘焉从占据益州以来，始终和本地的人民不甚相合。他曾杀州内的豪强十几个人，以立威严。又招致了关中和南阳一带流亡的人民数万家，用其人为兵，称为东州兵，不免要欺凌本地人，所以本地的小百姓也不归附他。刘焉死后，他的儿子刘璋继位，有一个将官唤做赵韪的，就举兵造反。幸而东州兵想到自己的地位，全是依靠刘璋的，替他出力死战，总算把赵韪打平。然而这样上下离心，到底不是一回事。外面没有问题时，还可以苟安，有什么变动就难了。

建安十六年（211），曹操要去攻张鲁。这个消息传到益州，刘璋手下的张松，就对刘璋说："汉中是巴蜀的门户。倘使曹操占据了汉中，巴蜀就都危险了。而且蜀中诸将，像庞羲、李异等，都是靠不住的。刘备是你的同宗，善于用兵，又和曹操是冤家，不如招致他来，使他攻取张鲁，如此，曹操就不足虑了。"刘璋颇以为然，就派一个人名唤法正的，带着四千名兵去迎接刘备。这时候，张鲁本来不听刘璋的命令。刘璋之意，大概以为把汉中送给刘备，自己是不吃亏的，而刘备是不会投降曹操的，得他和自己把守北门，就可以不怕曹操了，原也不是没有打算。

然而天下没有好人，刘备进了益州之后能否听自己的命令呢？这一层，刘璋却没有打算到。张松、法正等都是些倾危之士，不恤卖主求荣的，就劝刘备夺取益州。刘备听了，正中下怀，便随法正入川。刘璋自到涪县（今四川绵阳县），和他相见。添给他许多兵马，还给了许多粮饷财帛，使他督率白水关[①]的兵北攻张鲁。刘备此时，共有兵马三万，他却不攻张鲁，住在葭萌县地方（在四川昭化县东南），大施恩惠，以收人心。当刘备和刘璋在涪县相会时，张松、法正和刘备手下的庞统，都劝他就在会上袭取刘璋。这样事出仓卒，川中的军民如何会服呢？所以刘备不听他们。

曹操想西攻张鲁，还没有进兵，却因此引起了韩遂、马超等的反叛。曹操亲自西征，虽然把他打破了，然而进攻张鲁之事，却亦因此而未能实行。

到建安十七年（212）十月，曹操又自己带兵去攻孙权。刘备就对刘璋说：孙权差人来求救，我和他本来是互相唇齿的，不得不去救。况且关羽正在和乐进相持，倘使不去救，关羽败了，益州一方面也是要受到骚扰的。张鲁是只会自守，不足为虑的。请刘璋再借一万名兵，和军资器械，想要东还。刘璋给了他四千名兵，其余的东西都减半发给。这在刘备不过是借端需索，原未必真个东还，张松听得，却发急了，写封信给刘备，说大事垂成，何可舍之而去？张松的哥哥张肃，见他如此私通外敌，怕他连累于己，便把他举发了。刘璋便收斩张松。发命令给各关的守将，叫他们不得再和刘备往来。

刘备就借端装作发怒。庞统替他出了三条计策：上策是阴选精兵，径袭成都。中策是装做真个要东行，待白水关守将杨怀、高霈来送行时，把他捉住，吞并其兵，再行进攻成都。下策是退

---

① 今属四川广元县。

还白帝城（在四川奉节县东北），联合荆州的兵，再打主意。上策还是和在会所袭取刘璋一样的，纵然解决了刘璋一个人，全川军民不服，还是要发生问题。看似解决得快，其实并不是真快，甚而至于枝节更多；至于下策，则竟是把入川的机会放过了；所以刘备采用了他的中策。趁杨怀、高霈来见，把他们拘留起来，刘备进了白水关，把关中的兵都收编了，而将其家属留作人质，进据涪县。刘璋派兵抵御，都非败即降。刘备进围雒县（今四川广汉县），这雒县是刘璋的儿子刘循守的，到底利害切身，守了一年，直到建安十九年（214）夏天才破，刘备就进攻成都。刘璋自知无力抵御，守了几十天，就投降了。于是刘备取得了益州，诸葛亮隆中的计划，达到了一半。

建安十七、十八两年，刘备和刘璋争持，马超也仍在关中反叛，所以曹操一方面进攻张鲁之事，始终未能实现。曹操这时候，是留夏侯渊在关中作战的。到建安十九年，刘备攻破了成都，夏侯渊也彻底铲除了马超，而且连凉州都打平了。

到建安二十年（215）三月，曹操就又进攻张鲁。这时候，孙权也派人去向刘备索取荆州。荆州该属于孙权的理由，是没有的。孙权的讨取，大概是像近代各军队一般，向人要求多让些防地给自己罢了。刘备当时大概也借口于军队的给养还是不够，就说等我得到凉州，再把荆州给你。孙权大怒，使吕蒙进占现在湖南的东部。刘备入川时，诸葛亮等一大班人本来都留在荆州的。后来刘备和刘璋翻脸，诸葛亮、张飞、赵云等，也沿着长江，打进四川，只留关羽一个人在荆州了。这时候，关羽也带兵到了现在湖南的益阳，刘备则统兵五万，从公安而下，打算和孙权方面争执一番。旋听得曹操攻汉中，乃和孙权和平解决，把荆州东西划分，从江夏向南属孙权，从南郡向南属刘备。刘备一方面派关羽驻扎在江陵。孙权一方面仍派鲁肃驻扎在陆口。江陵本是周瑜的防地，此时却正式属于刘备。所以这一个分划，刘备是占了些便宜的。刘备急急回川，听说张鲁已给曹操打败了，逃向巴中（汉朝的巴郡，治今四川江北县。刘璋分置巴东、巴西两郡，巴东治今奉节县，巴西治今阆中县）来，急忙派人去迎接。谁知张鲁已经投降曹操了。曹操此时，仍留夏侯渊在汉中，派张郃帮助他。张郃便进犯巴中。倘使巴中失守，西川和荆州的交通，岂不被曹操截断？幸得张飞把张郃打败，退回汉中。

建安二十二年（217），鲁肃死了，孙权派吕蒙继任。吕蒙的性质，是和周瑜相像的。他主张派一支兵驻扎江陵，一支兵进驻白帝，再派一支兵沿江游弋，作为应援，而自己则进据襄阳。如此，自然非夺取荆州不可。孙权又和他商量：到底是夺取荆州的好，还是夺取徐州的好？他说："徐州不难夺取，但其地系平原，利于马队，非用七八万兵不能守，不如夺取荆州，全据长江，在军队的长技上，是利于南而不利于北的。"孙权很以为然。于是孙权一方面，夺取荆州的计划已定，只是待时而动；而刘备一方面，却没有知道。

建安二十三年（218），刘备听了法正的话，进兵汉中。曹操也亲自西征，到了长安。

二十四年（219），刘备在沔县东南的定军山，把夏侯渊击斩。曹操亲自进兵。刘备收兵守住险要，始终不和他交锋。曹操无可如何，五月里，只得退兵。于是刘备又据有汉中，非常得意了。

然而荆州方面，却就要有失意之事。

原来这时候，曹操方面，在荆州和关羽相持的是曹仁，屯兵樊城。建安二十三年十月，南阳守将侯音叛降关羽，曹仁回兵将他攻围，到二十四年正月里，把南阳攻破，把侯音杀掉了，而关羽亦于这一年进兵攻围樊城。七月里，曹操派于禁去助曹仁。八月，汉江水涨，于禁为关羽所擒。这时候，曹操一方面兵势颇为吃紧。大约因一部分兵还在关中，再调救兵，仓猝不易齐集，而且不免骚扰之故。我们试看当时曹操再派去救曹仁的徐晃，就是从关中调出来的可知。此时北方无衅可乘，哪里就能实行诸葛亮隆中之对，荆益两州同时并举？刘备使关羽出兵，大概意思还是重在关中方面，使他牵制曹操的兵力的。曹操的兵既已从汉中退出，进兵的目的可谓业已达到，即使曹操方面不再多派救兵来；孙权方面不因此而议其后；而顿兵坚城之下，也是兵家所忌，所以关羽这时候，究竟应该退兵？还是该决意攻取樊城？也是要斟酌的，而关羽执意不回，且因孙权方面更换守将，而把后方的兵调赴前线，就不能不说他勇敢有余，谨慎不足了。

孙权一方面，既然决意夺取荆州，这时候自然是一个好机会。于是吕蒙密启孙权，说关羽还留着好些兵在后方，大约是防我的。我时常多病，请诈称有病，回建业调养，等他放心些，好把后方的兵调赴前敌。孙权应允了他，吕蒙就回见孙权，保举陆逊，“意思深长，才堪负重，而未有远名，非羽所忌”，请用他做自己的后任。孙权也听了他。陆逊到任之后，写了一封信给关羽，辞气之间极其谦下。关羽果然放下了心，把后方的兵逐渐调赴前线。孙权乃亲自西行，派吕蒙做前锋，去袭取荆州。吕蒙到了九江，把精兵都伏在船里，装作商船的样子西上。走过江边关羽设有斥候队的地方，把斥候兵都捆捉了。所以孙权的兵西上，荆州不能早得消息。然而倘使关羽的后方没人叛变，总还有些抵抗力的。而守江陵的糜芳，守公安的士仁（《三国志·孙权、吕蒙传》和杨戏《季汉辅臣赞》都作士仁，唯《关羽传》作傅士仁，傅怕是衍字），又都和关羽不和，听见孙权的兵来，都投降了。于是关羽只得退兵。吕蒙既进江陵，约束军士，丝毫不得侵犯人民。对于跟随关羽出征的人的家属，尤其保护得周到。关羽的军心，就因此而乱，逐渐散去。关羽走到当阳东南的麦城，孙权派人去招降他，关羽诈称投降，带着十几个人逃走，被孙权伏兵所杀。

关羽这个人，是有些本领的，我们不能因他失败而看轻他。何以见得他有本领呢？一者，你留心把《三国志》看，自刘备用兵以来，不分兵则已，倘使分兵，总是自己带一支，关羽带一支的，可见他有独当一面的才略。二则刘备从樊城逃向江陵时，是使关羽另带一支水军到江陵去的，后来和刘备在夏口相会。北方人是不善水战的，赤壁之战，曹操尚以此致败，而关羽一到荆州就能带水军，亦可见其确有本领。至其在下邳投降曹操后，曹操待他甚厚，而他还是不忘故主；却又不肯辜负曹操的厚意，一定要立些军功，报答了曹操然后去，也确有封建时代武士的气概。后人崇拜他固然过分，我们也不能把他一笔抹杀了的。可是他的久围樊城，在军略上终不能无遗憾；而《三国志》说他“善待卒伍而骄于士大夫”，糜芳、士仁之叛，未必不由于此，也是他的一个弱点。

关羽的败，是刘备方面的一个致命伤。因为失去荆州，就只剩得从益州攻关中的一路，而没有从荆州向南阳攻洛阳的一路了。从汉中向关中，道路是艰难的；魏国防守之力，亦得以专于一面；后来诸葛亮的屡出而无成，未必不由于此。所以说这是刘备方面的致命伤。

这件事情，如其就事论事，关羽的刚愎而贪功，似应负其全责。如其通观前后，则刘备的急于并吞刘璋，实在是失败的远因。倘使刘备老实一些，竟替刘璋出一把力，北攻张鲁，这是易如反掌可以攻下的。张鲁既下，而马超、韩遂等还未全败，彼此联合，以扰关中，曹操倒难于对付了。刘备心计太工，不肯北攻张鲁，而要反噬刘璋，以至替曹操腾出了平定关中和凉州的时间，而且仍给以削平张鲁的机会。后来虽因曹操方面实力亦不充足，仍能进取汉中，然本可联合凉州诸将共扰关中的，却变做独当大敌。于是不得不令关羽出兵以为牵制，而荆州丧失的祸根，就潜伏于此了。

不但如此，刘备猇亭之败，其祸机实亦潜伏于此时。为什么呢？伐吴之役，《演义》上说刘备和关羽、张飞是结义兄弟，他的出兵，是要替义弟报仇，这固然是笑话，读史的人说他是忿兵，也未必是真相的。因为能做一番事业的人，意志必较坚定，理智必较细密，断不会轻易动于感情。况且感情必是动于当时的，时间稍久，感情就渐渐衰退，理智就渐渐清醒了。关羽败于建安二十四年，刘备的征吴，是在章武元年（221）七月，章武元年，就是建安二十六年，距离关羽的失败已经一年半了，还有轻动于感情之理么？然则刘备到底为什么要去征吴呢？我说：这个理由，是和吕蒙不主张取徐州而主张取荆州一样的。大约自揣兵力，取中原不足，而取荆州则自以为有余。当时赵云劝他，说国贼是曹丕不是孙权，伐吴之后，兵连祸结，必非一时能解，就没有余力再图北方了。这句话，刘备是不以为然的，所以不肯听他。而他的不以为然，并不是甘心兵连祸结，和吴人旷日持久，而是自以为厚集其力，可一举而夺取荆州。殊不知吴蜀的兵力，本在伯仲之间，荆州既失，断无如此容易恢复之理。旷日持久，就转招致猇亭的大败了。然其祸根，亦因急于要取益州，以致对于荆州不能兼顾之故。所以心计过工，有时也会成为失败的原因的，真个阅历多的人，倒觉得凡事还是少用机谋，依着正义而行的好了。

替魏武帝辩诬

我现在，要替一位绝代的英雄辩诬了，这英雄是谁？便是魏武帝。

现在举世都说魏武帝是奸臣，这话不知从何而来？固然，这是受《演义》的影响，然而《演义》亦必有所本。《演义》的前身是说书，说书的人是不会有什么特别的见解的，总不过迎合社会的心理；而且一种见解，不是和大多数人的心理相合，也决不会流行到如此之广的；所以对于魏武帝的不正当的批评，我们只能认为是社会的程度低下，不足以认识英雄。

魏武帝的为人，到底是怎样的呢？这只要看建安十五年十二月己亥日他所发的令，便可知道。这一道令，是载在《魏武故事》上面，而见于现在的《三国志注》里的。他的大要如下：

魏武帝是二十岁被举为孝廉的。他说："我在这时候，因为我本不是什么有名声的人，怕给当世的人看轻了，所以希望做一个好郡守。”的确，他后来做济南相，是很有政绩的，但因得罪了宦官，又被豪强所怨恨，怕因此招致“家祸”，就托病辞职了。

辞职的时候，他年约三十岁。他说：“和我同举孝廉的人，有年已五十的，看来也不算老，我就再等二十年，也不过和他一样，又何妨暂时隐居呢？”于是他就回到他的本乡谯县，在城东五十里，造了一所精舍（精舍是比较讲究的屋子。汉时读书的人，往往是住在精舍里的），想秋夏读书，冬春射猎，以待时之清。这可见得他的志趣，很为高尚，并不是什么热衷于富贵利达的人；而他在隐居之时，还注意于文武兼修，又可见得他是个有志之士。

后来他被征为都尉，又升迁做典军校尉，这是武职了。他说：“我在这时候，又希望替国家立功，将来在墓道上立一块碑，题为汉征西将军曹侯之墓。”

不想朝政昏乱，并不能给他以立功的机会，而且还酿成了董卓之乱。他在这时候，就兴起义兵，去讨伐董卓。他说：“我要合兵，是能够多得的，然而我不愿意多，因为怕兵多意盛，和强敌争衡，反而成为祸始。所以和董卓打仗时，兵不过数千；后来到扬州募兵，也以三千为限。”

后来在兖州破降黄巾三十万，这是他生平做大事业之始。他又叙述他破平袁术、袁绍、刘表的经过，说：“设使国家无有孤，不知当几人称帝？几人称王？”这句话，我们也不能不承认他是实话。

下文，他就说：“人家见我兵势强盛，又向来不信天命（这是说做皇帝全凭本领、势力），或者疑心我有篡汉的意思，这是我耿耿于心的。从前齐桓公、晋文公所以为后人所称道，就因为他兵势强盛，还能够事奉周朝之故。周文王有了天下三分之二，还能够事奉殷朝，孔子称他为至德，我难道不想学他么？”他又引两段故事：

一段是战国时的乐毅。当战国时，燕国曾为齐国所灭，后来总算复国。这时候的燕王，谥法唤做昭王。他立意要报仇，任用乐毅，打破了齐国，攻下了七十多座城池。齐国只剩得两个城，眼见得灭亡在即了。乐毅因为要齐国人心服，不肯急攻。不想燕昭王死了，他的儿子燕惠王即位，素来和乐毅不睦，便派人去替代他。这时候，乐毅如回到燕国去，是必然要受祸的，乐毅就逃到赵国。乐毅去后，军心忿怒，齐国的名将田单，就趁此将燕兵打败，把齐国恢复过来了。后来赵王要和乐毅谋算燕国，乐毅伏在地上，垂着眼泪道：“我事奉燕昭王，和事奉大王是一样的。我如其在赵国得罪，逃到别国去，我是终身不敢谋算赵国的奴隶的，何况燕昭王的子孙呢？”

又一件是秦朝蒙恬的故事。蒙恬的祖父，唤做蒙骜；父亲唤做蒙武，都是秦国的军官。蒙恬是替秦始皇造长城，带着兵，在现在陕西的北部防匈奴的。秦始皇死后，儿子二世皇帝即位，要杀掉蒙恬。蒙恬说：“从我的祖父到我，在秦朝算做可以信托的臣子，已经三代了。我现在带兵三十多万，论起我的势力来，是足以造反的。然而我宁死而不肯造反，那一者是不敢羞辱了祖父，二者也是不敢忘掉前代的皇帝啊！”蒙恬就自杀了。

魏武帝引此两段故事，说：“我每读到这两种书，未尝不怆然流涕。从我的祖以至于我，受汉朝皇帝的信任三代了，再加上我的儿子，就不止三代了，我何忍篡汉呢？我这些话，不但对诸位说，还对我的妻妾（魏武帝的妻，自然不会再嫁的，下文的话，实在是专对妾说的；不过一个字有时候不能成功一个词，就往往连用一个不相干的字。这一个字的意义，是当它没有的，不过取这一个音，以足成语调罢了。这一个例子，在古书中很多，古人谓之“足句”；足字也写做挟字。如《易经》上“润之以风雨”，雨可以润物，风是只会使物干燥的，这风字就等于有音而无义。就是其一个例子）说。我又对她们说：我死之后，你们都该再嫁，想她们传述我的心事，使人家都知道。虽然如此，要我放下兵权，回到武平国（武平是汉朝的县，就是现在河南的鹿邑县）去，却是势所不能的。一者怕离了兵权，被人谋害，要替自己的子孙打算；再者，我如其失败，国家也有危险的；所以我不能慕虚名而受实祸。从前朝廷封我三个儿子做侯，我都力辞不受，现在倒又想受了。并不是还要以此为荣，不过要自己的儿子多建立几个国家在外，为万安之计罢了。”

令文所说，大略是这样。西洋的学者说：“政治不是最好的事情。”因为政治本来是社会上有了矛盾然后才有的，所以政治家所对付的，全是些贪婪、强横、狡诈的人，毫无手段是不行的。一个大政治家往往是一时代大局安危之所系。因为政治总是把这一种势力去压服那一种势力的，这虽然不必是战争，其性质实和战争无异。

政治上的首领，就和军中的主将一般，失掉了他，阵容是会散乱，甚而至于要崩溃的。所以一个政治上的首领，往往是敌方危害的对象。魏武帝说：“我失败了，国家也要有危险。”这句话，是不能不承认其有真实性的。

有人说：既然如此，所谓政治，总不过是把这一种势力，去压服那一种势力罢了，和不参加政治斗争的人，根本没有关系，又何必去帮这一方面压那一方面呢？殊不知政治的斗争虽非人人所能直接参加，政治的好坏是人人要受其影响的，并不能置诸不管。而各个人，只要能明于政治的好坏，也并不要丢掉自己的事情去做政治工作，只要站在自己的本位上，对于当时的政治家，或者帮助，或者制裁，就很可以决定他们的胜负了。因为政治看似另一件事情，实在是用社会的力量做基础，而多数人合计起来，其力量是非常伟大的。政治固然是两个阶级的斗争，然在一定时期内，总必有一个阶级，是代表国利民福的，我们于此，就不可漫无别白了。

政治上的斗争，既然和军队作战一般，则不但对于敌党的手段，有时是不得不然，即对于本党，亦是如此，因为要整顿阵容，就不能不把有害于团结的人除去，这正和军队里要讲军纪一样。所以政治家的功罪，只能问其根本上的主义如何，并不能摭拾着这一件事，或那一件事，用简单浅短的眼光去评论。譬如魏武帝的杀伏皇后，就是一个例子。这件事情，在建安十九年，据《三国志》说，是伏皇后曾写信给她的父亲伏完，说汉献帝因董承被杀，怨恨魏武帝，话说得很丑恶，这时候，这封信发觉了，所以魏武帝把伏皇后杀掉。

这句话很有可疑。凡做一番大事业的人，总是有人说好，有人说坏的，根本上没法子使个个人都说好，所以做大事业的人，总是把毁誉置之度外的。魏武帝难道是怕人家谤毁的人？要是有一封信说他的坏话，就要发怒而杀人，那他生平，不知道要杀掉多少人才够？所以当时的伏皇后，必是另有什么政治上的阴谋的，断不会因一封信骂魏武帝而被杀。至于说汉献帝因董承被杀而怨恨魏武帝，则董承并不是公忠可靠的人，我在第九节里，业经说过了。

《三国志》注引《曹瞒传》说：魏武帝派华歆带兵进宫去收捕伏皇后。皇后关了门，躲在墙壁里。华歆打坏了门，把墙壁也毁掉，将皇后牵了出来。这时候，献帝正和御史大夫郗虑同坐。皇后走过他的面前，握着他的手道："你不能救活我了么？"献帝说："我的性命，亦不知道在什么时候。"又对郗虑说："郗公！天下有这样的事么？"这些话，一望而知其是附会之谈，写《后汉书》的人，却把它采入《伏皇后本纪》里。于是后来的人，以为它见在正史上，一定是可靠的，编纂历史的人，也都采取它，就成为众所共信的事了。《曹瞒传》又说，伏完和他的宗族，死的有好几百个人。其实伏完是死在建安十四年的，离这时候已有五年了。即此一端，亦见得《曹瞒传》的不足信。

所以我说伏皇后的被杀，是一定另有政治上的阴谋的，不过其真相不传于后罢了。假定伏皇后的被杀，是别有阴谋，则魏武帝一身，既然关系大局的安危，自不得不为大局之故而将她扑灭。这正和带兵的不能因军中有一群人反对他而即去职，或自杀，置军队的安危于不顾一样。老实说：立君本来是为民的。如其本来的君主，因种种原因不能保护国家和人民，而另有一个能够如此，则废掉他而自立，原不算错，而且是合理的，因为这正是合于大多数人的幸福的呀！然而魏武帝当日，还始终不肯废汉自立，这又可见得他濡染于封建时代的道德很深，他对于汉朝，已经是过当的了。

后人诬枉魏武帝要篡汉的，是因为下列这几件不正确的记载：

其（一）《三国志·荀彧传》说，建安十七年，董昭等说魏武帝应该晋爵为公，把这件事情和荀彧商量，荀彧说："魏武帝本来是兴起义兵，以匡辅汉朝的，不宜如此。"魏武帝因此心不能平，荀彧就忧愁而死。荀彧死的明年，就是建安十八年，魏武帝就晋爵为魏公了。这话也明是附会。魏武帝真要篡汉，怕荀彧什么？况且晋爵为魏公，和篡汉有什么关系？他后来不还晋爵为魏王么？

其（二）是建安二十四年，孙权要袭取荆州，《三国志》注引《魏略》说，他上书称臣，而且称说天命，说魏武帝该做皇帝。魏武帝把信给大家看，说"是儿欲踞吾著炉火上邪！"踞是放肆的行为。魏武帝比孙权，自然辈行在先，所以称他为是儿，就是说这个小孩子。炉火上是危险之处。他说：这个小孩子，要使得我放肆了而住在危险之处，这明明是不肯做皇帝的意思。《三国志》注又引《魏氏春秋》说，夏侯惇对魏武帝说："从古以来，能够为民除害，为人民所归向的，就是人民之主。您的功劳和德行都很大，该做皇帝，又有什么疑心呢？"魏武帝说："若天命在吾，吾为周文王矣。"这正和他建安十五年的令引齐桓公、晋文公、周文王来比喻自己是一样，正见得他不肯篡汉。后来读史的人，反说他是开示他的儿子，使他篡汉，岂非梦呓？篡汉本来算不得什么罪名，前文业经说过了。

然而始终执守臣节，不肯篡汉，却不能不说是一种道德。因为不论哪一种社会，总有一种道德条件，规定了各人所当守的分位的。这种条件合理与否，是一件事，人能遵守这条件与否，又是一件事。不论道德条件如何陈旧，如何不合理，遵守他的人，总是富于社会性的。所以遵守旧道德条件的人，我们只能说他知识不足，不能说他这个人不好。因为道理的本质，总是一样的呀！魏武帝的不肯有失臣节，我们看他己亥令之所言，勤勤恳恳，至于如此，就可见得他社会性的深厚了。

魏武帝的己亥令，还有可注意的两端：

其（一）是他怕兵多意盛，不敢多招兵，这正和后世的军阀，务求扩充军队，以增长自己权力的相反。分裂时代的争斗，其祸源都是如此造成的。

其（二）是他老老实实说，我现在不能离开兵权，怕因此而受祸，不得不为子孙之计。又老老实实承认，想使三个儿子受封，以为外援。这是历来的英雄，从没有如此坦白的。天下惟心地光明的人，说话能够坦白。遮遮掩掩，修饰得自己一无弊病的人，他的话就不可尽信了。现代的大人物，做自传的多了，我们正该用这种眼光去判别他。

《三国志·郭嘉传》说，嘉死之后，魏武帝去吊丧，异常哀痛。对荀攸等说："你们诸位的年纪，都和我差不多，只有郭奉孝最小。我想天下平定之后，把事情交托给他，想不到他中年就死了。这真是命呀！"可见得他的本意，在于功成身退，后来不得抽身，实非初意，至于说他想做皇帝，或者想他的儿子做皇帝，那更是子虚乌有之谈了。人生在世，除掉极庸碌之辈，总有一个志愿。志愿而做到，就是成功，就是快乐。志愿而做不到，看似失败，然而自己的心力，业经尽了，也觉得无所愧怍，这也是快乐。志愿是各人不同的，似乎很难比较。然而其人物愈大，则其志愿愈大，其志愿愈大，则其为人的成分愈多，而自为的成分愈少，则是一定不移的。哪有盖世英雄，他的志愿只为自己为子孙的道理？说这种话的人，正见得他自己是个小人，所以燕雀不知鸿鹄之志了。

封建时代，是有其黑暗面，也有其光明面的。其光明面安在呢？公忠体国的文臣，舍生忘死的武士，就是其代表。这两种美德，魏武帝和诸葛武侯，都是全备了的。他们都是文武全才。两汉之世，正是封建主义的尾声，得这两位大人物以结束封建时代，真是封建时代的光荣了。

从曹操到司马懿

在晋朝五胡乱华的时候，有一个胡人，唤做石勒，据历史上记载，他有这样一段事情。有一次，他喝酒喝得醉了，对一个唤做徐光的人说道：“我可同前代哪一位开基的皇帝相比？”徐光恭维他道：“你比汉高祖、魏武帝都强。只有古代的轩辕皇帝，可以和你相比。”石勒笑道：“人岂不自知？你的话过分了。我如其遇见汉高祖，要北面而事之，和韩信、彭越争先。如其遇见后汉光武帝，该和他并驱中原，未知鹿死谁手。大丈夫行事，当磊磊落落，如日月皎然，终不能如曹孟德、司马仲达父子，欺他孤儿寡妇，狐媚以取天下也。”这一段话，是否真实，还未可知，就算是他说的，也不过是酒后狂言，毫无价值。后来读史的人，却把他看作名言，有许多人喜欢引用，因此就有许多人，把魏武帝和司马懿看做一流人物，这真是笑话了，魏武帝何尝有欺人孤儿寡妇之事来？

从魏武帝到司马懿可以说是中国的政局，亦可以说是中国的社会风气一个升降之会。从此以后，封建的道德，就澌灭以尽，只剩些狡诈凶横的武人得势了。

魏武帝死的一年，他的儿子魏文帝，就篡汉自立了。明年，刘备也在四川自称皇帝。这时候，只有孙权还称为吴王，到魏文帝篡汉后的十年，才自称皇帝，然而在实际上，东吴亦是久经独立的了，天下就分做三国。

翻开读史地图看起来，东吴的地方，也并不算小。他有现今江苏、安徽、湖北三省沿江的地方，又有湖南、江西、浙江、福建、广东、广西各省，较之曹魏尽有黄河流域，和湖北、安徽、江苏的汉淮二水流域的，并差不了许多。但是当时，南方开化的程度，还不及北方，人力财力都非北方之比，面积虽相差不多，实力却差得远了。至于蜀汉，只有今四川、云南、贵州三省，其中又只有四川是个天府之国，户口比较众多，财力比较雄厚，就更相差得远了。

魏朝据有这样好的地盘，论理，吴蜀二国，应该兢兢自守，还不容易。然而三国时代，也延长到六十年之久。这一因吴有长江之险，蜀系山岭之区，北方的人，不善水战，要攻入山岭之区，也不容易；一亦因魏国的内部还有问题。

魏文帝篡汉后七年而死。他的儿子曹叡即位，这便是魏明帝。魏明帝是很荒淫奢侈的，魏朝的基业就坏在他手里。他在位共十三年。死的时候，魏朝开国刚刚是二十年。魏朝的政局就在这时候起了一个变化。又经过十年，而政权全入于司马懿之手，离魏朝的篡汉，刚好是三十年。

当曹操做魏王的时候，设立了一个秘书令。魏文帝篡位之后，将秘书改称中书，设置了监、令两个官，用刘放做中书监，孙资做中书令。在文帝、明帝之世，足足做了二十年。这是帮助皇帝处理一切文书的官，地位很重要的。自然他们两个人都有相当的权力。人的脾气，有了权力总是不肯轻易放弃的。魏明帝虽继承文帝，任用刘放、孙资，又另有几只小耳朵（俗语，谓暗中使人侦察他人，或爱听他人的这类报告），像秦朗等一班人都是。明帝病重了，有权的人各想树立自己的党羽。明帝有两个儿子：大的封为齐王，唤做芳，小的封为秦王，唤做询。据《三国志》说，这两个都是明帝的养子，其真相究竟如何，我们也无从知道了。明帝病危时，齐王立为皇太子。还只有八岁，自然不会管事的，秦朗便保举魏武帝的儿子燕王宇辅政。刘放、孙资却保举了曹爽和司马懿。曹爽是曹真的儿子，曹真是魏武帝族中的侄辈，曹爽便是魏武帝同族的侄孙儿了。司马懿本是文官，在明帝手里才渐渐地带起兵来。此时他正削平了辽东回来。明帝病危时，自己做不得主，据说是刘放、孙资两个人强挟着他发命令的，把燕王、秦朗等都免官，而用曹爽和司马懿辅政。

燕王是个无用的人，罢免之后，也就完了。此后十年之中，就变做曹爽和司马懿的争夺。其初政权在曹爽手里。司马懿本来是太尉，曹爽等却把他转作太傅，表面上是尊重他，算他皇帝的师傅，实际上却夺掉他的兵权。司马懿便诈病，睡在家里不出来。在齐王即位后十年，曹爽跟随着他出去谒陵，司马懿却突然起来，运动了京城里的军队，把城门关起来，要免掉曹爽的官，勒令他以侯还第。大司农桓范，是曹爽的一党，便诈传太后的命令，赚开了城门，逃到曹爽处。魏朝是建都在洛阳的，桓范劝曹爽把齐王搬到许昌，调外面的兵来，和司马懿作战。大司农是当时管财政的官，所以桓范说："大司农的印在我手里，粮饷是没有问题的。"曹爽却不肯听，接受了司马懿的条件，免官还第。司马懿却说黄门张当，曾将选择的才人（皇帝的妾的称号）给与曹爽，怕他还有别种情弊，便将张当捉来拷问。张当承认了和曹爽图谋造反。于是把曹爽、桓范、张当和曹爽的许多党羽都杀掉。

这一件事情的真相，我们现在无从知之。所可猜测的，则司马懿卧病十年，忽然而起，京城里的军队，就会听他调度，可见他平时必和军队预有勾结。曹爽在名义上是大将军，军队都应服从他的命令的；他的兄弟曹羲是中领军，曹训是武卫将军，亦都是兵权在手的人；一旦有事，军队反而都为敌人所用，他们的为人，就可想而知了。

然而曹爽所用的，都是当时的名士。据《三国志》零头碎角的材料看起来，他们是颇有意于改良政事，厘定制度的，实可称之为文治派。文治派对于军队，自然不如武人接近的，要利用军队，自亦不如武人的灵活，曹爽和司马懿成败的关键，大概在此。从此以后，魏朝的文治派没落，只剩武人得势了。

在魏明帝时候，司马懿就带了军队，在关中方面和诸葛亮作战的，所以西方的军队，对他没有问题。东方的军队，就不服他了。齐王十二年，都督扬州诸军事王凌阴谋反对他，事机不密，为司马懿所知，出其不意地去攻击他。王凌措手不及，只得出迎。司马懿把他送回洛阳，王凌在路上服毒自杀。

这一年，司马懿死了，他的儿子司马师继居其任。到齐王的十五年，中书令李丰，皇后的父亲张缉，又密谋废掉司马师，用曹爽的姑表弟兄夏侯玄代他。又因事机泄漏，都给司马师杀了。司马师就废掉齐王，而立了魏文帝的曾孙高贵乡公髦。明年，扬州都督毌丘俭、扬州刺史文钦起兵声讨司马师。司马师自发大兵，和他相持。因兵力不敌，毌丘俭败逃，死在路上，文钦逃到吴国。这一次战事初起，司马师新割了眼上的一个瘤，创痛正甚，因为关系重大，不得已勉强自己带兵出去。战胜之后，回到许昌就死了。他的兄弟司马昭继居其位。

再过了两年，扬州刺史诸葛诞又起兵讨伐司马昭。这一次，诸葛诞知道司马昭的兵力是不容易力战取胜的，所以连结东吴，取着一个守势。东吴发了兵和文钦一起去帮助他，又另行发兵以为救应。攻者不足，守者有余。况且还有了外援？倘使不能扑灭他，倒也是一个大患。司马昭乃又费了极大的兵力，把他围困起来。又分兵堵住了吴国的救兵。靠着兵力的雄厚，居然把诸葛诞和文钦又打平。从此以后，魏国的武人，就再没有人能和司马氏反对了。

五年之后，高贵乡公自己带着手下的卫兵去攻击司马昭。那自然是以卵击石，万无侥幸之理。其结果，高贵乡公给司马昭手下一个唤做成济的人刺死。司马昭另立了燕王宇的儿子陈留王奂，自然是有名无实的了。于是司马昭想要篡位。要想篡位，当然先要立些功劳，蜀汉就因此灭亡。然而司马昭也没来得及做皇帝，篡位自立，是他儿子司马炎就是晋武帝手里的事了。

《晋书·宣帝（宣帝即司马懿）纪》说，晋朝的明帝，曾经问王导："晋朝是怎样得天下的？"王导乃历述司马懿的事情，和司马昭弑高贵乡公之事。明帝羞得把脸伏在床上道：“照你的话，晋朝的基业哪得长久？”可见司马懿的深谋秘计，还有许多后来人不知道的，王导离魏末时代近，所以所知的较多了。而且他很为暴虐，他的政敌被杀的，都是夷及三族，连已经出嫁的女儿，亦不得免。所以做《晋书》的人，也说他猜忌残忍。他一生用尽了深刻的心计，暴虐的手段，全是为一个人的地位起见，丝毫没有魏武帝那种匡扶汉室、平定天下的意思了。封建时代的道德，是公忠，是正直，是勇敢，是牺牲一己以利天下，司马懿却件件和他相反。他的儿子司马师、司马昭，也都是这一路人。这一种人成功，封建时代的道德就澌灭以尽了。然而专靠斗力，究竟是不行的。互相争斗的结果，到底是运用阴谋的人易于得胜。所以封建制度的腐败和衰亡，也可以说是封建制度本身的弱点。

替魏延辩诬

三国的史事是大家都知道的，本来用不着我来讲。我现在所要讲的，只是向来大家弄错之处，我想要来矫正矫正而已。既然如此，我就还要想替一个人辩诬，那就是魏延。

魏延本来是以部曲（部曲本是军队编制的名目。《续汉书·百官志》说：大将军营分为五部，部下有曲，曲下有屯。后汉末，有些将校兵士，永远跟随着大将，就变做不直属于国家而属于这个将，带些半奴隶的性质。所以部曲的地位是颇低的）随先主入蜀的。因屡有战功，升迁到牙门将军。先主既得汉中之后，还治成都，要拔擢出一个人来镇守汉中，当时大家都以为要用张飞，张飞也以此自许，而先主竟破格擢用了魏延。关羽、张飞是先主手下资格最老的两员猛将，当时敌国的人亦都称他为万人敌的。先主从起兵以来，不分兵则已，要分兵，关羽总是独当一面的，第十二节中业经讲过了。此时关羽正在镇守荆州，再要找一个独当一面的人，以资格论，自然是张飞了。再次之则是赵云，随先主亦颇久。争汉中之时，赵云亦颇有战功，先主称他“一身都是胆”的。然而这时候要镇守汉中，先主却破格擢用了魏延，这就可见得魏延的才略。关羽、张飞都是长于战斗的。关羽攻曹仁，虽然终于失败，乃因受了孙曹两面的夹攻，而又外无救援之故。当时那种凌厉无前的气概，使曹操方面十分吃紧，那也不是容易的罢？当曹操平张鲁之后，张郃的兵，业已攻入巴中。使巴中而竟为曹兵所占据，强敌即逼近西川，蜀汉的形势，此时实亦万分吃紧，而张飞竟能够把张郃打退，这一场功劳，也不能算小罢？然则在当时，关羽、张飞所以威名播于敌国，易世之后，还有人称道弗衰，也不是偶然的。然而先主对于镇守汉中之任，竟不用张飞而用魏延，则魏延的将略，似乎还在关、张之上。大概关、张的将才，是偏于战斗，而魏延则要长于谋略些罢？然则镇守荆州的，假使是魏延，或者不如关羽之以过刚而折，而半个荆州，也就不至于失陷了。这虽然是揣测之辞，似乎也有可能性。

魏延的谋略，从一件事情上可以见得。据《三国志》注引《魏略》说：诸葛亮出兵伐魏时，和手下的人谋议。魏延献计说：“魏国的安西将军关中都督夏侯楙，是曹操的小女婿，既无智谋，又无勇气。你只要给我精兵五千，直指长安，他听得我去，一定要逃走的。他走后，长安就只剩些文官了。魏国东方的救兵要合拢来，还得二十多日，你的大兵也好到了。如此则咸阳以西一举可定了。”案诸葛亮第一次伐魏，在魏明帝太和二年（228）。这一次，魏国见蜀国久不出兵，以为他无力北伐，毫无预备。所以诸葛亮出兵，甚为得手。南安（今甘肃陇西县西北）、天水（今甘肃通渭县西南）、安定（今甘肃镇远县南）三郡都望风迎降。只因马谡失机，以致前功尽弃。以后出兵，虽然累战克捷，然魏国亦已有了预备，要大得志就难了。所以太和二年这一役，亦是魏蜀强弱的一个关键。据《三国志·夏侯惇传》注引《魏略》，夏侯楙免去安西将军关中都督之职，就是在这一年的，然则魏延的献计，亦就是这一年的事，倘使诸葛亮采用魏延之计，则魏延做了先锋。马谡亦是奇才，我们不能以成败论人，但谋略虽好，战斗的经验或者要缺乏些，所以不免有失，用魏延则无此弊，然则使诸葛亮采用魏延之计，看似冒险，或者转无马谡的失着，亦未可知。所以诸葛亮不用魏延之计，实在是可惜的，而魏延的将略，亦就因此可见了。

然诸葛亮虽不用魏延之计，而其军队精练，一切都依着法度，亦自有其不可及之处。他第一次虽然失败，以后又屡次出兵。魏朝尝派司马懿去抵御他。司马懿的用兵，亦有相当能力。他生平除掉和诸葛亮对垒之外，也总是胜利的。独至对于诸葛亮，则仅仅乎足以自守。这句话，是见在《三国志·诸葛亮传》注所引吴人张俨所著的《默记》里面。第三国人的话，比较要公平些。于此可见《三国志》里载诸葛亮伐魏之事，总不胜利，《晋书·本纪》里更说他每战辄败；只因《三国志》为晋人所著，《晋书》所根据的，也是晋朝人的史料，不足凭信罢了。诸葛亮每次出兵，都因粮运不继，不能持久，乃制造了木牛流马以运粮，又分兵屯田，为久驻之计。蜀汉后主的十一年，即魏明帝的八年（234），他屯田的兵，已经杂居渭水沿岸，逼近长安了。不幸患病身死，从此以后，蜀汉就更无力进取中原了。这固然不仅是军事一方面的问题，然而当时蜀汉的军队起了内讧，以致魏延身死，亦不能说不是一个损失。

据《三国志》说，诸葛亮病危的时候，和杨仪、费祎、姜维三个人密定了退兵的计划。这一次出兵，魏延本来是先锋，这时候却将他改作断后，而令姜维次之。魏延如不听命令，大军就径行开拔。诸葛亮死后，杨仪秘不发丧，派费祎去探问魏延的意思。魏延说："丞相虽死，我自活着在这里。相府里亲近的人和官属，自可将护他的棺柩回去安葬，我自当带兵击贼。如何因一个人之死，废掉天下的大事呢？况且魏延是什么人，要听杨仪的命令，替他做断后将？"就和费祎同拟一个计划，哪一部分的兵该退回去，哪一部分的兵该留下来，要费祎和他连名，把这命令传给各将领。费祎骗他道："杨仪是文官，不会部署军事，他决不会违反你的意思的，不如让我回去，再和他商量商量。"就骑着马快跑而去。费祎去后，魏延懊悔不该放他，再派人去追，已经来不及了。魏延派人去探看，杨仪等已经整军待发，打算把魏延一支兵留下来。魏延大怒，趁他们没有动兵，便带兵先发。杨仪等亦伐木开路，昼夜兼程，紧跟在他的后面。魏延的兵先到，据住了南谷口，派兵去攻击杨仪。杨仪派何平去抵敌。何平骂魏延先发的兵道："丞相死得没几时，你们何敢如此？"魏延的兵知道其曲在延，都不听他的命令，散掉了。魏延只和他的儿子以及另外几个人逃回汉中去。杨仪派马岱带兵去将他追斩了。这一段事情，一看而知其不是实在。

据注引《魏略》说：则诸葛亮病重的时候，是派魏延代理自己的职务，秘丧而归的。杨仪和魏延素来不睦，就扬言魏延要投降敌国，带着手下的人去攻魏延。魏延因出其不意，无从抵当，只得带着兵逃走，就给杨仪追杀了。这话也不是事实。

诸葛亮在病危之时，预定退军计划，这一个命令，总是要传给全军的，岂有和杨仪、费祎、姜维私相计议，置先锋军于不顾之理？这岂像诸葛亮做的事情？若说诸葛亮的职务实系命魏延代理，则全军都在魏延统率之下，杨仪是文官，手下没有军队的，带着什么人去攻魏延？若说运动诸将，同反魏延，怕没有这样容易的事？况且据《三国志》说：当时魏延表奏杨仪造反，杨仪也表奏魏延造反，显然成了个两军对垒的形势，并不是从一军之中突然分裂而战斗起来的。然魏延是个名将，果使有了准备，派兵去攻杨仪，也断没有给何平一骂兵就被骂散了的情理。所以两种说法都不是事实。

这件事情的真相，依我推测，是这样的：诸葛亮病危时，并没有能够预定退兵的计划就死了。他死后，杨仪等密定了一个退兵的计划，怕魏延不听，派费祎去探问。魏延果然不肯听他们的部署，要自己另定一个计划，和费祎连名行下去。费祎哄骗他逃了回来。知道无可疏通，就把他置诸不顾，打算将余军径行开拔。这个消息又被魏延打听到了，乃趁他们没有开拔之前，先行开拔，把南谷口据住了。至此，两军遂不得不正式交战。魏延虽然勇猛，然所统率的，只有他的直属部队，就是做先锋军的，杨仪在诸葛亮幕府里，全军都在他调度之下，众寡不敌，所以魏延就给他打败了。至于说魏延的军队，给何平一骂就骂散了，不曾有剧烈的战斗，乃因内讧并非美事，所以又有些讳饰。这件事情的真相，似乎大略是如此。

魏延既然死了，自然得宣布他的罪状。当时所说的，大约是诬他要谋反降魏。所以《三国志》里有这样的几句话，说“魏延不北降魏而南还，乃是要除杀杨仪等，本意如此，不便背叛”，就是替魏延剖辩的。不过古人文辞简略，没有把当时诬他的话叙述清楚罢了。假使魏延真要造反，杨仪便有剿灭反叛的大功，回来后岂得不重用？然而不过做一个中军师，并无实权，诸葛亮的老位置，反给蒋琬夺去了（诸葛亮是丞相，蒋琬的资格，是不够做丞相的，但以录尚书事而兼益州刺史，其实权就和诸葛亮无大异）。这件事，《三国志》上说：诸葛亮生时就密表后主，说我若死了，便将后事交给蒋琬。这也不是实情。诸葛亮的做事，是很积极的。他在生前，似乎并没有预料到自己要死。假如他预料到自己要死，那可先行布置的事情多着呢。以他的地位声望，一切公开嘱咐了，也不怕什么人反对，而且可使身后的事情更形妥帖，何至于密表后主，只保荐了一个蒋琬呢？《三国志·蒋琬传》说：诸葛亮死后，新丧元帅，远近危悚，蒋琬处群僚之右，既无戚容，又无喜色，神色举动，和平时一样，众人因此渐服，可见得蒋琬初继诸葛亮的任时，众人还不很信服他。假使诸葛亮生前预行指定他为自己职务的后继人，就不至于此了。以诸葛亮的公忠体国，心思细密，岂有想不到这一层之理？蒋琬和杨仪，向来所做的事情是差不多的，而杨仪的职位和资格，还在蒋琬之上。不过杨仪是锋芒毕露的，大家有些怕他，蒋琬却是个好好先生，人家容易和他和睦，所以诸葛亮的位置就给蒋琬抢去了。杨仪自然不服，口出怨恨之言，以致得罪而死，这事无甚关系，可以不必细述。

然使魏延确系造反，杨仪确有诛灭反叛之功，则无论他如何不孚众望，人家将来要排挤他，当时总是要赏他的，断不能径置诸闲散之地，这也可见得魏延并没造反。

诸葛亮从太和二年以后，是不断的出兵伐魏的，太和二年，是入三国后的第九年。诸葛亮之死，在入三国后十五年。蜀汉的灭亡，是在入三国后四十四年。所以诸葛亮死后，蜀汉还有二十九年的命运。这二十九年之中，前十二年，总统国事的是蒋琬；中七年是费祎；后十年是姜维。蒋琬、费祎手里，都不甚出兵伐魏。姜维屡次想大举，费祎总裁制他，不肯多给他兵马。费祎死后，姜维做事才得放手些，然而亦无大功，而自己国里，反因此而有些疲敝。当时很有反对他的人。后来读史的人，亦有以蜀之亡归咎于姜维的用兵的，其实亦不尽然。

当时魏蜀二国，国力相去悬殊。灭蜀的一次，据魏国人计算，蜀兵总数共只九万，分守各地方的，差不多去其一半，而魏国分兵三路，诸葛绪、邓艾每路三万，钟会所带的兵又有十余万，兵力在两倍以上。所以蜀汉的形势，是很难支持的。既无退守的余地，就只得进攻，至少要以攻为守。诸葛亮的不断出兵，也是为此。从魏齐王芳之立，至高贵乡公的被弑，其间共计二十一年，即系入三国后之第二十一年至第四十一年，正是魏国多事之秋，蜀汉若要北伐，其机会断在此间，而其机会又是愈早愈妙，因为愈早则魏国的政局愈不安定。然此中强半的时间，都在蒋琬、费祎秉政之日，到姜维掌握兵权，已经失之太晚了。所以把蜀国的灭亡，归咎到姜维，实在是冤枉的。倒是蒋琬、费祎，应当负较大的责任。魏延伐魏之志，是比较坚决的。只看诸葛亮死日，他不肯全军退回，便可知道。如其诸葛亮死后，兵权在他手里，总不会像蒋琬、费祎那样因循的，虽然成败不可知。所以魏延的死，总不能不说是蜀汉的一个损失。

姜维和钟会

魏武帝亡殁了，继之而得志的，却是司马氏父子。忠君爱民的心地，光明磊落的行为，全都看不见了，所剩下的，只是些自私自利的心地，狡诈刻毒的行为，几千年来，封建社会的道德，真个就此完了么？不，任何一种社会现象，都没有突然而兴，也没有突然而绝的。虽然在其衰败垂绝之时，也总还有一两个人，出而为神龙掉尾的奋斗。这正和日落时的余晖一般，流连光景的人，更觉得其可爱了。

司马昭打平了诸葛诞，又杀掉了高贵乡公，就渐渐地可以图篡了。要图篡位，总得立些武功，于是决计伐蜀。这些话，上文中业经说过了。这时候的蜀国，却是什么形势呢？蜀国这时候，兵权算在姜维手里。但是费祎死后，后主所信任的宦官黄皓，渐渐弄权，想要排挤陷害他。姜维虽有武略，政治上的手腕似乎欠缺些，就不敢回成都，带着兵屯驻在沓中。这沓中在现今甘肃临潭县，就是从前的洮州的西边，未免太偏僻些了。

当时魏国是分兵三路：邓艾、诸葛绪各带兵三万，邓艾牵制住姜维的正面，诸葛绪遮断了姜维的后路。钟会却带了十几万大军，从斜谷[①]、骆谷[②]两路并进。当魏延守汉中时，在汉中的外面设立了许多据点，派兵守住，敌人来攻，使其不得入内。后来姜维说："这种办法，虽然稳当，却也不能得利。不如把这些据点撤掉了，聚集兵粮，坚守汉乐两城[③]。敌兵攻城不破，又野无可掠，粮运不继，自然只得退兵。我们却各城的兵齐出，和游军会合，就好把他歼灭了。"这条主意，固然也是好的，然而把敌兵放入平地，究竟有些冒险。钟会既进汉中之后，分兵围困汉乐两城，自己直趋西南，把阳安关攻破。这阳安关，在嘉陵江沿岸，现今沔县[④]的西南，宁羌县[⑤]的西北，乃是入蜀正面第一道关隘。阳安关既破，就只有现今四川昭化、剑阁两县间的剑阁可守了。当时姜维听得钟会大兵前进，自然要从沓中回来。邓艾牵制他不住，诸葛绪也阻挡不住他。然而阳安关已经不守了，就只得守住了剑阁。邓艾追赶姜维，到了现今甘肃的文县，就是汉朝所谓阴平道的地方。从此南下，经过平武县的左担山，就可以从江油、绵阳直向成都去的。这一条路，极其险峻，所以当时蜀国并不防备。邓艾要和诸葛绪合兵走这一条路进去。诸葛绪说本来的军令，只叫他

---

① 今陕西眉县西南。
② 今陕西周至县西南。
③ 今陕西勉县东南。
④ 今勉县。
⑤ 今宁强县。

堵截姜维，并没有叫他攻蜀，就引兵和钟会的大军会合。钟会密白他畏懦不进，魏朝把他槛车（罪人坐的车，有阑槛，防他逃走）征还，兵也并给钟会统带了。然而攻剑阁，却攻不进去。钟会无法，打算退兵了。不料邓艾的兵，已从阴平伐山开路，走了无人之地七百多里打进去。把诸葛瞻的兵打败了，直向成都。邓艾的兵，是能够进去，退不回去的，自然要拼命死战，其锋不可当。然而其实是孤军。假使后主坚守成都，这时候，剑阁并没有破，钟会的大军不得前进，邓艾外无救援，终竟要做瓮中之鳖的。然而后主不能坚守，竟尔投降。姜维在剑阁，听得诸葛瞻的兵被打败了。传来的消息，有的说后主要坚守成都，有的说他要逃向东吴，又有的说他要逃到现今的云南地方去。不知的实，乃引兵向西南退却。到了现在的三台县地方，奉到后主的命令，叫他投降魏军。姜维便到钟会军前投降。据《三国志》说，当时将士，接到投降的命令，都发怒得“拔刀斫石”，难道姜维倒是轻易投降的么？

邓艾得意非常，就十分夸口。对蜀国的士大夫说道：“你们幸而遇见我，所以身家性命得以保全。要是遇见吴汉（后汉光武帝时平蜀的将，曾大肆杀戮）一流的人物，就糟了。”又说：“姜维也是一个有本领的人，不幸遇着了我，所以敌不过罢了。”听的人都暗笑他，他自己也不觉得。他又表上魏朝，说：“刘后主一时不可把他内徙。要是把他内徙，吴国人看见了，疑心魏国待遇他不好，就不肯归降了。现在该留兵两万人在蜀，蜀国投降的军队，也留着两万，不要解散。再在四川大造兵船，做出一个伐吴的声势来。一面派人去晓谕吴国，吴国自然可不战而降了。只要把后主留在四川一年，那时候吴国归降，就可把他送到京城里。”当时邓艾在川中，诸事多独断独行，并不等魏朝的许可。司马昭派监军卫瓘去对他说，不宜如此。邓艾倒说：“《春秋》之义，大夫出疆，有可以安社稷、利国家者，专之可也。一味等待命令，以致误国，这件事我是办不到的。”这样一来，司马昭自然要疑惧了。钟会等人就乘机说他的坏话。于是魏朝又下诏书，槛车征还邓艾。怕他不听命令，叫钟会也进向成都。卫瓘在前，用司马昭的亲笔命令，晓谕邓艾手下的兵。邓艾手下的兵，此时只想望得些赏赐回家，谁来和邓艾造反？况且邓艾也本无反心，抵抗命令的事情，自然不是仓卒间可以结合的，于是邓艾手下的军队，都一无抵抗，把邓艾钉入槛车里去了。

钟会和姜维，很为要好。《三国志·姜维传》说他们“出则同舆，坐则同席”。邓艾被擒之后，钟会到了成都，所有伐蜀之兵，都在他一个人统率之下了。《三国志·钟会传》说：他这时候就有了反心。要叫姜维等带着蜀兵出斜谷，而自己带着大兵跟随其后。这时关中一方面，是没有阻碍的，可以唾手而得长安。既入长安，从渭水及黄河顺流而下，五天可到孟津（在今河南孟津县北），和骑兵在洛阳相会，一举而大事可定了。忽然得到一封司马昭的信，说“怕邓艾不肯就征，已派贾充带了一万名兵进驻乐城，我自己带着十万兵驻扎在长安。相见在近，不再多说了”。钟会得书大惊。对亲近的人说道：“只取邓艾，司马昭知道我办得了的。现在自带大兵前来，一定是疑心我了。这事非速发不可。”恰好这时候郭太后（明帝的皇后）死了，钟会就诈传太后的遗诏，叫他起兵讨灭司马昭。召集北来诸将领，都把他们关闭在官署中，把城门宫门都关闭起来，想要都杀掉他们，还犹豫未能决断。他的帐下督丘建，本来是护军胡烈所荐的。看见胡烈独坐得可怜，替他请求钟会，许放他一个亲兵进来，传递饮食。钟会允许了。其余诸将领，也援例各放了一个人进来。胡烈对他的亲兵说，又写封信给他的儿子，说钟会要杀尽北兵。如此一传二,二传三，北来的兵都知道了，就同时并起攻城。被看守的人也都从屋上爬出去，各人回到自己的军队里，同时进攻。姜维和钟会手下的少数人，如何抵敌？就都给他们杀掉了。邓艾手下的将，听得钟会死了，追上去打破槛车，把邓艾放了出来。卫瓘一想不好，我是捉拿邓艾的人，放了他出来，他要报仇怎样？又派兵追上邓艾，把他杀死了。征西的两员大将，就是这样了结。

钟会为什么要造反呢？他是司马师、司马昭的心腹，人家称他为张子房的。司马师打破毌丘俭，司马昭打破诸葛诞，他的计谋很多。伐蜀的三路兵，邓艾是安西将车都督陇右诸车事，诸葛绪是雍州刺史，都是久在西方，和蜀国相持的，只有钟会是司马昭的心腹，所以大兵都在他的手里。这时候的司马氏，是不容易推翻的，他岂有不知之理？况且他也向来是个文臣，如何会忽有野心，想要推翻司马昭呢？我们看这个，就知他一定有大不得已的苦衷。

原来他是钟繇的小儿子，钟繇是替魏武帝镇守关中的。当汉献帝之世，关中反侧的人很多，凉州还有马超、韩遂，魏武帝能够专心平定东方，不以西顾为忧的，都是得他的力量。所以钟繇可以说受魏朝的恩典很深。钟会是个文人，很有学问的，不是什么不知义理的军阀，他要尽忠于魏朝，是极合情理的。所以钟会可说和王凌、毌丘俭、诸葛诞一样，都是魏朝的忠臣，并不是自己有什么野心。而他的谋略，远在这三人之上，亦且兵权在手，设使没有北兵的叛变，竟从长安而下，直指洛阳，这时候司马氏的大势如何，倒是很可担忧的了。

至于姜维，则又另有姜维的心理。《三国志·姜维传》注引《华阳国志》，说姜维劝钟会尽杀北来诸将，要等诸将已死之后，再行杀掉钟会，尽数杀掉北兵，然后恢复蜀国。他曾经写一封秘密信给后主，说："愿陛下忍数日之辱。臣欲使社稷危而复安，日月幽而复明。"又引孙盛的《晋阳秋》，说他到蜀中时，蜀中父老还说及此事。孙盛的入川，在晋穆帝永和三年，已在蜀汉灭亡之后八十四年了。蜀中父老的传说，固然未必尽实。譬如姜维在当时，能否和后主秘密通信？后主这种人，秘密通信给他何用？只有泄漏事机而已。只这一点，便有可疑。然而情节虽或不尽符合，姜维有这一番谋划，是理有可信的。因为他决不是轻易降敌的人。而在当时，假使钟会不被北兵所杀，而能尽杀北来诸将，把一部分军队交给姜维，姜维反攻钟会，也很有可能的。注《三国志》的裴松之，就是这样说。姜维是天水郡冀县人，冀县是甘肃的甘谷县。凉州地方，是被曹操平定较晚的。姜维是诸葛亮第一次伐魏时，诣诸葛亮投降的。他本是天水郡的参军，所以要投降，据《三国志》说：是因天水太守疑心他要反叛之故。姜维决不是轻易降敌的人，太守疑心他，他未必无法自明，就要真个降敌。姜维降蜀之后，诸葛亮写信给蒋琬等说他心存汉室，可见姜维本来是要效忠于汉而反魏的，太守疑心他，并没有错。

钟会的效忠于魏，姜维的效忠于汉，又可称封建道德之下的两个烈士了。

孙吴为什么要建都南京①

【都邑的选择，我是以为人事的关系，重于地理的。南京会成为六朝和明初的旧都，这一点，怕能言其真相者颇少。读史之家，往往把史事看得太深了，以为建都之时，必有深谋远虑，作一番地理上的选择，而不知其实出于人事的推移，可谓求深而反失之。所以我在这里，愿意说几句话，以证明我的主张，而再附述一些我对于建都问题的意见。】

南京为什么会成为六朝的都邑呢？其实东晋和宋、齐、梁、陈不过因袭而已。创建一个都邑，不是一件容易的事情；又当都邑创建之初，往往是天造草昧之际，人力物力都感不足，所以总是因仍旧贯的多，凭空创造的少，这是东晋所以建都南京的原因。至于宋、齐、梁、陈四代，则其政权本是沿

① 此篇节选自 1946 年 5 月 3 日《正言报》的《南京为什么成为六朝朱明的旧都》一文，今将原文的开头和结尾附于本文的开始和结尾，方括号内文字即是。

袭晋朝的，更无待于言了。然则在六朝之中，只有孙吴的建都南京，有加以研究的必要。

孙吴为什么要建都南京呢？长江下流的都会，本来是在苏州，而后来迁徙到扬州的。看秦朝会稽郡的治所和汉初吴王濞的都城，就可知道孙吴创业，本在江东，其对岸，直到孙策死时，还在归心曹操的陈登手里，自无建都扬州之理。然则为什么不将根据地移向长江上流，以便进取呢？须知江东定后，他们发展的方向，原是如此的，然其兵力刚进到湖北边境时，曹操的兵，已从襄阳下江陵，直下汉口了。上流为曹操所据，江东断无以自全，所以孙权不能不联合刘备，冒险一战。赤壁战后，上流的形势稳定了，然欲图进取，则非得汉末荆州的治所襄阳不可。而此时荆州，破败已甚，庞统劝刘备进取益州，实以“荆土荒残，人物凋敝”，为最大的理由。直至曹魏之世，袁淮尚欲举襄阳之地而弃之（见《三国·魏志·齐王纪》正始七年注引《汉晋春秋》），其不能用为进取的根据可见。然吴若以全力攻取，魏亦必以全力搏击，得之则不能守，不得则再蹈关羽的覆辙，所以吴虽得荆州，并不向这一方面发展，孙权曾建都武昌，后仍去而还江东，大概为此。

居长江下流而图发展，必先据有徐州。关于这一个问题，孙权在袭取关羽时，曾和吕蒙研究过，到底取徐州与取荆州，孰为有利？吕蒙说：徐州，北方并无重兵驻守，取之不难，然其地为“骁骑所骋”，即七八万人，并不易守，还是全据长江的有利。如此，才决计袭取荆州。

可见在下流方面，孙吴亦不易进取，而曹魏在这一方面的压力却颇重。原来刘琮降后，曹操要顺流东下，不过一时因利乘便之计，若专欲剿灭孙吴，自以从淮南进兵为便。所以赤壁战后，曹操曾四次征伐孙权（建安十四年，十七年，十九年，二十一年），都是从这一方面来的，而合肥的兵力尤重。

孙吴所以拒之者，实在今濡须口一带。此为江东的生死所系，都金陵，则和这一带声势相接，便于指挥。又京口和广陵相对，亦为长江津渡之处，曹丕曾自将自此伐吴，此路亦不可不防；居金陵与京口相距亦近，有左顾右盼之势，孙权所以不居吴郡而居金陵，其理由实在于此。此不过一时军事形势使然，别无深意。

东晋和宋、齐、梁、陈四朝，始终未能恢复北方，论者或谓金陵的形势，欲图进取，尚嫌不足，后来宋高宗建都临安，或又嫌其过于退守，谓其形势尚不如金陵。此等议论，皆太偏重地理，其实南朝之不能恢复，主因实在兵力之不足，当时兵力，南长于水，北长于陆，水军之力虽优，足以防御，或亦可乘机为局部的进取，然欲恢复中原，则非有优良的陆军，作一二次决定胜负的大战不可。

且身临前敌，居于适宜指挥之地，乃一将之任，万乘之君，初不必如此。孙权虽富有谋略，实仍不脱其父兄剽悍轻率之性质，观建安二十年攻合肥之役可知，此其所以必居金陵。若宋高宗，则初不能自将，居金陵与居临安何异？

小国寡民之世，则建都之地，要争出入于数百里之间，至大一统之世则不然。汉高祖欲都洛阳，留侯说："其小，不过数百里，田地薄，四面受敌，不如关中，沃野千里，阻三面而守，独以一面制诸侯。"此乃当统一之初，尚沿列国并立时代之习，欲以都畿之地，与他人对抗，故有此说。若大一统之世，方制万里，都在一个政府统制之下，居长安与居洛阳，又何所择？

然则政治及军事的指挥，地点孰为适宜，必计较于数百千里之间，亦只陆恃马力，水恃帆力之世为然。

【明初为什么要建都南京呢？那是由于其起兵之初，还没有攘斥胡元的力量，而只是要在南方觅一根据地，那么自濠州分离别为一军而渡江，自莫便于集庆（元集庆路）。太祖的取天下，其兵力，用于攘斥胡元者实少，用于勘定下流之张士诚、上流之陈友谅者转多。胡元遁走以后，南方之基础已固，又何烦于迁都？论者或谓明之国威，以永乐时为最盛，实由成祖迁都北平使然，此亦不考史实之谈，论其实，则永乐时之边防，实较洪武时为促。明初，北方要塞，本在开平（今多伦），自成祖以大宁畀兀良哈而开平卫孳孤，宣宗乃移之于独石，自此宣、大遂成极边。明初胡元虽退出北平，然仍占据漠南北，为中国计，欲图一劳永逸，必如汉世发兵绝漠，深入穷追，然度漠之事，太祖时有之，成祖时则未之闻。其后有也先之难，俺答之患，中国何尝不都北平？

自中国历代兵争之成败观之，似乎北可以制南，南不可以制北，故论建都之地者，多谓北胜于南。而同一北方，则又谓西胜于东，汴梁不如洛阳，洛阳不如长安，此皆以成败之原因，一断之于军事，而言军事之成败，则又一断之于地理形势，殊为失实。且有黄梨洲所见能与众不同，他在《明夷待访录》上说："秦汉之时，关中风气会聚，田野开辟，人物殷盛，吴楚方脱蛮夷之号，故不能与之争胜。今关中人物，不及吴会久矣。东南粟帛，灌输天下，天下之有吴会，犹富室之有仓库匮箧也。千金之子，仓库匮箧，必身守之，而门庭则以委之仆妾，舍金陵而弗都，是委仆妾以仓库匮箧，昔日之都燕，则身守夫门庭矣，曾谓治天下而智不千金之子若欤?”他知道天下之“重”，在财力，在文化，而不单在兵事，其识可谓胜人一筹。

古人言治，首重风化。欲善风俗，必有其示范之地，以理以势言之，自以首都为最便，故京师昔称首善之区。昔时论建都者，多注重于政治军事，而罕注重于化民成俗，有之者，则惟汉之翼奉，唐之朱朴，宋之陈亮。翼奉当汉元帝时，他对元帝说：文帝称为汉之贤君，亦以其时长安的规模，尚未奢广，故能成节俭之治，若在今日亦“必不能成功名”，他主张迁都成周，重定制度，“与天下更始”。朱朴，当唐末亦说“文物资货，奢侈僭伪已极”，非迁都不可。陈亮当宋高宗时，上书说：“钱塘终始五代，被兵最少，二百年之间，人物繁盛，固已甲子东南；而秦桧又从而备百司庶府，一以讲礼乐于其中，士大夫又从而治园囿台榭，以乐其生；干戈之余，而钱塘遂为乐国矣。”窥其意，宴安鸩毒，实为不能恢复的大原因。三家之言，皆可谓深切著明，而陈亮之言，实尤为沉痛。有谋国之责者，倘不视为河汉?】

司马懿如何人[1]

谁都知道，结束三国之局的是司马氏，司马氏的基业是创于司马懿之手的。这司马懿，却是怎样一个人物呢？

据《晋书·宣帝本纪》说，司马懿的玄孙晋明帝有一次和他的臣子王导谈天，便问他自己的祖宗是怎样得天下的，这王导大概因时代生得早，对于晋初的阴谋秘计比后来的人知道的多，便把司马懿如何创业，和后来他的儿子司马师杀死魏朝高贵乡公之事，一一述了一遍。明帝听了，羞得头都抬不起来，把脸贴在床上说道："要是照你的话，晋朝的传代又安得长远？"这真可谓之天良发现，而司

① 《司马懿如何人》为《三国史话之余》(上)，原刊于1947年7月25日《现实周报》第一期。

此篇原有一题头：近来遇见了十年不见的曹亨闻先生，他嘱咐我替他所主持的《现实周报》写一些稿子，"网罗文献吾倦矣"，却写些什么好呢？他说："你只要写些像《三国史话》一类的东西，就很好了。"因为他这一句话，却使我怅然有感。

此篇原有一副标题：驾驭武人还是被武人牵着走？

题头边还有一行大字：政治不是好事情，是非曲直勿讨论。

马懿父子的丧心害理，也就可想而知了。然则他怎会成功的呢？丧心害理的人会成功么？

晋朝从武帝篡魏（公元二六五年）到恭帝为刘裕所篡（公元四二〇年），共历一百五十六年。论他为民心所爱戴，以及自己支持的实力而论，都是远不及此的，然而它居然也绵历了一个相当的年代，关于这一点，如要推求其理由，那是不能不归结到它所遭遇的时势的。因为晋朝得到政权不久，北方就为异族所窃据。如此，他虽无功德于民，人民却念到他究竟是个本族的元首，还相当拥戴他。他的臣下虽亦有居心不正的，然非如王敦、桓温等略有对外的功绩的，不敢萌篡夺之念。即王敦、桓温，亦因功绩不够，到底不能有成。直到刘裕，总算恢复了一些国土，才把王位篡夺到手。然则晋朝的传代能够绵历相当的时日，倒是异族的侵陵给他的机会了，这是后话。但在当初，他究竟怎样会成功的呢？

王导所说司马懿的创业，无疑是指他谋杀曹爽之事，因为他是经过这一次的变动，然后取得政权的。原来魏朝的失柄，由于明帝死后，他的儿子齐王芳年纪太小，然而齐王即位之初，事权实在曹爽手里。司马懿虽然同受明帝的遗命辅翼幼主，却是被排斥于政府之外，卧病在家的。大约因为他本是武人，所以仍有一班人暗中和他勾结；而他的阴谋秘计亦以此时为甚，他托病蛰伏了十年，一旦时机来到，就突然而起，趁着曹爽奉齐王出城谒陵的时候，矫太后之诏把城门关起来，把曹爽废掉，旋又把他杀了，他从此就政权在手。

这事在公元二四九年，至其后年，司马懿就死了，其子司马师袭其爵位。后四年，废齐王而立魏武帝的曾孙曹髦，这就是高贵乡公。其明年，司马师也死了，其弟司马昭继其爵位。又六年，高贵乡公“忿威权日去”，带着自己手下的兵去攻司马昭，被司马昭手下迎战之兵所杀。这件事，历史上的记载是如此的：高贵乡公率兵而出，第一个遇着的是司马昭的兄弟司马伷，高贵乡公手下的人对他的兵叱责，他的兵就退走了。于是司马昭的心腹贾充，带着兵来迎敌，高贵乡公手持短兵，身临前敌，贾充的兵又要退走了，乃有弟兄两人，哥哥唤做成倅，兄弟唤做成济者，问贾充道：事势危急了，怎么办呢？贾充道：司马公养着你们为的正是今天，今天的事情还问什么呢？又说：司马公若败，你们还有种么？于是成济奋勇向前，直刺高贵乡公，兵锋从前面刺进，穿出背上，高贵乡公就此被杀死了。论兵力，高贵乡公自非司马昭之敌，高贵乡公亦岂不知？然而敢于率兵直出者，一则忿威权日去，感情冲动，未免要孤注一掷；一亦由专制时代，皇帝的名义到底非寻常人所敢轻犯，这正和民主时代，主权在民，人民的地位便是至高无上，法西斯徒党要屠戮人民，奉令执行的人有时也不肯出力一样。他也有个幸胜的希冀。试看司马昭的兵，既已溃退于前，贾充的兵又要溃退于后，则他的估计原没有十分错，无如狠恶而敢干犯名义的人，历代总是有的，尤其是在军阀手下。而高贵乡公就在这种情势之下牺牲了。此事原无足深论。

然而我们从王导所说的司马懿夺取政权，及司马昭杀死高贵乡公两件事情上，却可以看出司马氏所以成功的原因来。这话怎么说呢？

当曹爽被杀的后年，有一个魏朝的扬州都督王凌，要起兵反抗司马氏，给司马懿出其不意地把他捉去了。这事亦无足深论，然当王凌设谋时，曾派人去告诉自己的儿子，而他的儿子谏止他，所说的话，却深可注意，其大意是说：曹爽所用的人，确是一班名士，他们的意思，也确是想做些事情的。然而所做的事情，都是自上而下，所以人民不能接受。而司马懿，自推翻曹爽之后，却颇能“以恤民为先”。所以曹爽之败，“名士减半”而百姓并不哀伤他们。于此可以见得自上而下的政治，贻害于人民如何深刻猛烈了。真正的恤民，司马氏自然也说不上，然而他当时剥削扰害的程度，大约人民还可忍受。所以在大乱之后，人民只求活命，别无奢望之时，也就勉强相安了。

何以能将对于人民的剥削扰害，减轻一些呢？那么他对高贵乡公事变的善后，也是深可注意的。原来对于人民剥削扰害得最深刻猛烈的，就是武人。因为武人总是粗暴的，他们所做的事情，文官到底做不出来。当政局变动之际，最后的成功者，看似由于得到少数武人的拥护，其实总是由于得到广大的人民的支持的。因为苟非广大的人民承认你，与你相安，变乱就无时而会息，你的政权就无从成立。所以创立政权者的能否成功，就看他驾驭武人的能力的强弱以为断。观于司马昭对于高贵乡公被弑以后的措置，就可见得他对于武人控制的力量的强大了。

这件事是这样的：高贵乡公死后，司马昭聚集了一班大臣共谋善后，这件事，在专制政体之下，总不能没有一个说法。正和民主时代杀死了人民，不能没有说法一样。然而怎样的说法呢？当时有一个陈泰，是有资格又有名望的，司马昭便请教他，他说：只有杀掉贾充，稍可以谢天下。这贾充乃是司马氏的死党，司马昭如何能杀掉他呢？于是愣了半天，对陈泰道：请你再想个次一等的办法。陈泰却斩钉截铁毫不迟疑地答道：我的办法，只有进于此的，没有较此退步的。司马昭就不再问了。下令说：本来命令成济不得逼近皇帝所乘的辇舆的，而他竟突入阵内，以致造成大变，这都是他一人之罪，按律大逆不道的父母妻子兄弟都斩。于是把成倅、成济和他的家属一齐收付当时的司法官廷尉。这样办，成济是冤枉的么？自然是冤枉的。但我说：冤枉或许只有一半。因为不许伤害高贵乡公的命令，或许司马昭在当日是当真发出的，至少没有叫他伤害高贵乡公，因为这根本用不着。而成济当日，杀人杀得手溜，竟把他刺得胸背洞穿，这也只好算作蛮性发作，自取其咎了。然而成济弟兄想起来，自然总觉得是冤枉的。于是到逮捕之时，他弟兄两人就登屋大骂，大骂而要登屋，这大约是所以延缓逮捕的时间，以便尽情痛诋的。逮捕的人，乃发箭把他射下来。于是成济兄弟本因怵于司马氏失败则自己也不得留种，而替他效劳的，反因此而自绝其种了。他们都灭绝了，自然没有地方去申冤。

然而俗话说“兔死狐悲，物伤其类”，司马昭下如此辣手，难道不怕其余的武人看着寒心么？然而他竟不怕。而其余的武人也竟不能对他有什么反响。这就可见得他对于武人控制力之强，“政治不是最好的事情”，是非曲直，原无足深论，然即此亦可见得成功者之非出于偶然了。

谁能驾驭武人，谁反被武人牵着走？这是时局变动之际，居于领袖地位的人的试金石。

司马氏之兴亡[1]

我写了一篇《司马懿如何人》，有人读了问我道："依你的说法，要求成功的，倒只要用严刑峻法，压制其下了。"这又不然，司马氏之所以能成功，能用严刑峻法，压制自己手下的武人，使其不敢十分胡行，固然是其一个原因；然而他的使用严刑峻法，主要的还不是为着约束自己手下的人，倒是用来对付政敌的。那么，用来严约自己手下的人，是他成功的因素，用严酷的手段对付政敌，就成为他失败的因素了。

谁都知道，历代用法的严峻，无有过于魏晋之间的。不但动辄族诛，就是嫁出的女儿，也不能免。他的所以如此，无非用恐怖政策，慑服异己，使其不敢有所举动罢了。他成功了么？倘使这种政策而用诸今日，反对他的，将是广大的人民，必非

① 此篇原为《三国史话之余》(下)，刊于《现实周报》第二期(1947年8月1日)。原文副标题：恐怖政策对之手下人是成功的，用以对付政敌是失败了。

严刑峻法所能绝其反动的根株。即在昔日，反对他的仅是少数的政敌，并没有广大的人民作为基础，似乎给他压下去了。然而种瓜得瓜，种豆得豆，恐怖政策的结果，还是不免于自害自。

谁都知道，西晋之所以灭亡，由于八王之乱。而八王之乱，则是因惠帝的自杀其太子而引起的。原来晋武帝的儿子是晋惠帝，他的皇后就是上篇所说的贾充的女儿。惠帝的太子非其所生，贾后就蒙蔽惠帝，把他废掉，后来又把他杀掉。八王之乱就借此为由而开始，递推递演，终至于不可收拾了。当太子被杀之时，有一个唤做阎缵的，自己带着棺材，以表示必死的决心，上书替太子申冤，不见省。后来惠帝又立他的孙儿子做皇太孙。阎缵怕再有他祸，又诣阙上书。他的书中引证前代的三件事：

其一，汉高祖出去打仗，路过赵国，当时赵王唤做张敖，乃是汉高祖的女婿，迎见执礼甚恭，而汉高祖是流氓出身，喜欢骂人，漫骂他。赵王不敢如何，他的宰相唤做贯高，却听着不平，于是伏兵谋杀高祖。事情发觉了，这自然要连累到赵王，于是他被逮入京。贯高却真是个硬汉，随王到京一律承当，说都是自己所做的事，赵王全不知情。虽然受尽酷刑，口供始终不改，赵王因此得免。即贯高，汉高祖也并不办他的罪，还有赵王之臣田叔等十人，冒充赵王的家奴，随王到京保护服侍他，则还受到汉高祖的奖赏。

其二，汉高祖的皇后姓吕，这便是高祖死后，他的儿子惠帝在位时，实握朝权七年；惠帝死后，又临朝称制八年，在中国历史上，和唐朝的武则天并称的吕后。吕后是很有才能的。汉高祖平定天下后，东奔西走，不皇宁处。京城里的事情，实际都是交给她。汉高祖是个好色之徒。起兵之后宠爱了一个戚夫人，生子赵王如意。意欲废掉惠帝，把他立做太子，因顾虑吕后的实力，未能如愿。高祖在日，吕后无如戚夫人何，到高祖死后，便把她囚了起来，又召赵王入京，赵王的宰相周昌，知道她没有好意，留王不遣，如此者三次，吕后乃先召周昌入京，再召赵王。赵王到后，就把他母子一并杀害了。然而对于周昌，吕后却没有得罪他。

其三，是汉武帝的事情。汉武帝的皇后姓卫，生子名据，立为太子。后来他的谥法，是个戾字，所以称为戾太子。汉武帝是个喜怒无常、赏罚无章之徒，他又很迷信，到晚年更多疑忌。总疑心人家要用巫术去谋害他，这便是所谓“巫蛊”。于是有个唤做江充的，和太子有隙，就借以诬陷太子。太子明知道武帝偏见任性，既被诬陷之后，向他辩白是无益的，于是不想辩白，而竟诈传武帝的诏旨，发兵捕杀江充。这一来，武帝说太子造反了。发兵叫宰相带着兵去打他，太子战败逃出去，给追捕的人追到了，自杀。皇后亦自杀于京城之内，太子有三个儿子都被杀，只有一个孙儿，就是武帝的曾孙，因年幼系狱。后来武帝也知道太子的冤枉了，江充和迫害太子的人，多遭族诛。然皇曾孙仍系狱未释。再后来，武帝害病了，当时又有一种迷信称为“望气”。望气的人说：“长安狱中有天子气。”于是武帝下诏，要把拘禁在狱中的囚徒，尽数杀掉。这真是不成事体，幸得当时有个法官唤做丙吉的关了狱门，拒绝诏旨，皇曾孙才得保全，这就是后来的宣帝。然武帝用刑虽滥，对于丙吉，却也没有得罪他。

阎缵引这三件事说：当时用法太酷，动辄灭门，所以使人不敢尽忠。他又说：倘使当时的人能像周昌、丙吉一般，暂时拒绝诏旨，太子固然可以不死，就是有些人，能够跟随太子，局面也总要好些。然而太子被废出宫之时，他的臣子有些在路上望车拜辞，还被逮捕送到监狱之中治罪，还有何人敢说话呢？然则晋朝恐怖政策，箝制其下，不是自杀其子孙么？种瓜得瓜，种豆得豆，他自己的政策贻害自己的子孙，谁能为他惋惜？然而政权在他手里。政治上的事情是最宜“气疏以达”，把各方面的意思，都反映出来的。最忌自行封锁，致处于耳无闻、目无见的地位。现在执掌政权的，用恐怖他人的政策，封锁自己。于是政治大坏，人民却连带着遭殃了，这真可为之三叹。

当大局动荡之时，一切事情都不上轨道，握有实权的人，很容易用严刑峻法，取快一时，这也是古今之通弊。魏晋间的严刑峻法，还不自司马氏始，当时曹操、孙权手下，都有所谓校事，就是今世所谓特务。曹操手下有一个人唤做高柔，曾力谏曹操，说这班人用不得，而曹操不听。至于孙权，则连他自己的太子亦不以此种办法为然，而孙权亦不听。曹操、孙权的出此，或者还不全是私心，而是有整顿政治的思想，因为他们的校事，并不是用来对付人民，倒是用来对付官吏的。这看后来孙权的觉悟，由于其信臣朱据的被诬，而魏文帝（曹丕）时，程昱的孙儿程晓疏论此事，称其“上察官属，下摄众司”，就可知道了。然而还是不胜其弊。可见用法而出于正式的法律和司法机关以外，总是弊余于利的。若其用途而非以对付官吏，则更不必论了。

晋代豪门斗富[1]

当两个文明程度不同的社会，接触以后，较高的社会文明，总会输入文明程度较低的社会中去。这本是有益无害的事，然而文明程度较低的社会，竟有因此而陷于衰亡的，这是什么原因呢？无他，明明可用来生利之物，你却不用之于生利，而用之于浪费虚耗之途而已。

在历史上，一朝开国之后，总是能盛强安稳一个时期，独晋朝不然。从武帝平吴（公元二八〇年）到洛阳沦陷（公元三一一年），不过三十一年而已。这又是为什么？我们知道：一个人享用过度，就精力耗损，志气消沉了。晋初有一个远从魏武帝、近从晋宣帝遗留下来的腐败的文臣、骄横的武人的政治集团，其中荒淫奢侈之事，真是不胜枚举。我现在且举其两件：

①《晋代豪门斗富》，原刊《现实新闻》双周刊第十一期，原副标题为：从汽油的限制到五胡乱华。

其一，是晋武帝的女婿王济。武帝有一次到他家里去，他留武帝吃饭，肴馔的讲究，不必说了，《晋书》上说他“悉贮琉璃器中”。琉璃就是现在的玻璃，当时中国还不能自造，大约是从西域来的。其二，当时的豪门，多好斗富，其中最豪富的是石崇。晋武帝因为和姓王的有亲戚关系，暗中总帮助着他。有一次，把内府中一株三尺多高的珊瑚树，赏赐给一个唤做王恺的。这王恺，便要把它去夸示石崇了。石崇一见，就举起铁如意来，把它打碎。王恺觉得既可惜，又可气，不免声色俱厉。石崇却说：“不足多恨，今还卿。”唤人将自己所有的取出来，三四尺长的六七株。王恺乃爽然自失。珊瑚也非中国所有，大约是从南洋来的，罗致这许多东西，不都要花钱到外国去买吗？这在当日，实在是异常奢侈的事情。当时这个政治集团中人，有如此不合理的享受，他们的精力，还能够不耗损？志气还能够不消沉吗？何怪五胡一崛起，一班好战的人，都像秋风扫落叶一般，纷纷地倒坍下去呢？

这班人财自何来，历史上没有详明的记载。论其大略，总不免向农人头上剥削，只要看《晋书》的列传上，叙述他们的产业，总说田园水碓甚多，就可知道了。田是种谷物的，可以收取租米，史书上记载也颇多。园是种果树、开池养鱼等的，《晋书·王戎传》说：他家有好李，要把它卖出去，又怕人家得其种，都先钻其核而后卖之，大约就是园中的出产。水碓则是舂米的，当时使用颇广。晋惠帝时京城被一个叛将围起来，这叛将把城外的水决去，城中的水碓，都因无水不能动，乃将十三岁以上的男子总动员，来舂米给兵吃，就可见对水碓相需之殷。他们拥有广大的田园，水碓多数又为他们所有，豪门资本就侵入了工商界了。

诚如 Frank Rounds Jr 所说（见《现实周报》第一期外论），中国人民的忍耐性和农村经济的坚韧性，是极大的。然而其忍耐和坚韧，也总有一个限度的，古来有多少好战之徒，都失败在这个限度的误认上。当洛阳沦陷之后，索琳、麹允还翼戴愍帝，在长安建立了一个政权。不几年又覆败了。于是元帝只得退却到江东，成为偏安之局。当时有一个刘琨，在并州，即今日的太原地方，还艰苦支持了好几年，也终于灭亡了。刘琨和索琳、麹允，都是很忠勇的，为什么都不能成功呢？那就由于农村经济的坚韧性，此时已变成脆弱，而人民也再不能忍耐了。试看《晋书》上叙述当时长安的情形，是“户不满百，荆蒿成林”，而刘琨初到并州时所上的表，则说现在晋东南境，一路都是白骨遍地，太原则四山都是羌胡，不能出城樵采，本地既无出产，粜买的通路，又极艰苦，便可知其致败之由。五胡中最成功的是鲜卑，鲜卑之所以能成功，是由于慕容氏所根据的，是今热河、辽宁之地，拓跋氏所根据的，是今察哈尔、绥远之地，倒是比较安静富庶的。慕容氏既入中原，辽东之地，为高句丽所据，辽西亦受侵扰，拓跋氏末年，六镇大乱，其固有的根据地失掉，鲜卑也就完了。这岂非百代的殷鉴？

附　录

后汉乱源与三国始末[1]

第一节　后汉的乱源

两汉时代，总算是中国统一盛强的时代；两汉以后，便要暂入于分裂衰弱的命运了。这个分裂衰弱的原因也甚多，追溯起来，第一件便要说到“后汉时代的羌乱”。

羌族的起源和分布，已见第一篇第六章第四节，和第二篇上第四章第二节。这一族分布的地方，是很广的。现在专讲后汉时在中国为患的一支，《后汉书·羌传》说：

羌无弋爰剑者，秦厉公时，为秦所拘执，以为奴隶……后得亡归，而秦人追之急，藏于岩穴中，得免。羌人云：爰剑初藏穴中，秦人焚之；有景象如虎，为其蔽火，得以不死。既出，又与劓女遇于野，遂成夫妇。女耻其状，被发覆面，羌人因以为俗。遂俱亡入三河间（《注》：“黄河湟水赐支河

① 本篇选自吕思勉著《白话本国史》(上海古籍出版社，2005 年版)，标题有改动。该书采用民国纪元的方法来纪年，以 1912 年民国元年为基准，民元以前逆推，称民国前某某年，简称前某某年。

也。”案赐支就是析支，就是河曲之地，不能另算做一条河。所以注引《续汉书》作“河湟之间”)。诸羌见爰剑被焚不死，怪其神，共畏事之，推以为豪。河湟少五谷，多禽兽，以射猎为事；爰剑教之田畜，遂见尊信；庐落种人依之者日益众。羌人谓奴为“无弋”，以爰剑尝为奴隶，故因名云。其后世世为豪。至爰剑曾孙忍时，秦献公初立，欲复穆公之威，兵临渭首。灭狄獂戎，忍季父卬，畏秦之威，将其种人附落而南，出赐支河曲数千里；与众羌绝远，不复交通。其后子孙分别，各自为种，任随所之：或为牦牛种，越巂（如今四川的西昌县）羌是也；或为白马种，广汉（如今四川的广汉县）羌是也；或为参狼种，武都（如今甘肃的武都县）羌是也；忍及弟舞，独留湟中。并多娶妻妇；忍生九子，为九种；舞生十七子，为十七种。羌之兴盛，从此始矣。

《后汉书》说越巂、广汉、武都诸羌，都是爰剑之后，这句话恐未必十分可信。但因这一段文字，可以证明两汉时代，为中国患的羌人确是居湟中这一支。湟中是个肥沃的地方，爰剑又是个从中国逃出去的，他的文明程度，总得比塞外的羌人高些，看“教之田畜，遂见尊信”八个字，就可以明白。

这一支羌人的根据地，是从河湟蔓延向西南，包括青海和黄河上游流域。他的文明程度颇低，而体格极其强悍（《后汉书》说他“堪暑耐寒，同之禽兽”），而且好斗。部落分离，不能组织大群；又好自相攻伐，要到一致对外的时候，才“解仇诅盟”；事情一过，就又互相攻伐了；这也是羌人的一个特色。（这个是因为他所处的地方，都是山险，没有广大的平原的原故。羌人在历史上，始终不能组织一个强大的国家，做出大一点的事业，也是为此。)

汉朝和羌人的交涉，起于武帝时。这时候，匈奴还据着河西(参看第二篇上第四章第一节)。和羌人所据的湟中，只隔着一枝祁连山脉；武帝防他互相交通，派兵击破羌人，置个护羌校尉统领他。羌人就弃了湟水，西依西海(青海)盐池(在青海西南)。王莽时，羌人献西海之地，王莽把来置了一个西海郡，莽末内乱，羌人就乘此侵入中国。后汉时羌人一支占据河北大允谷和大小榆中一带(在如今平番导河一带)，颇为边患，和帝时，才把他打破，重置了西海郡；而且夹着黄河，开列屯田。从此从大小榆谷到西海，无复羌寇。然而降羌散布郡县的很多。(在安定、北地、上郡的，谓之东羌。在陇西、汉阳、金城的，谓之西羌。)中国的吏民豪右，都不免"侵役"他。前一八〇五年，罢西域都护和校尉，发羌人去迎接他。羌人颇有逃散的。郡县到处"邀截"，又不免骚扰。于是各处羌众，同时惊溃。"东寇三辅，南略益州"。凉州的守令，都是内地人；见羌势已盛，无心战守，都把郡县迁徙到内地来；百姓有不愿意迁徙的，就强迫"发遣"；死亡流离，也不知多少。直到前一七九四年，才把三辅肃清，凉州还没有平定，而军费已用掉二百四十亿。到顺帝时，凉州也算平定了，才把内徙的州县，依旧回复。不多时，羌人又叛。用兵十余年，又花掉八十多亿的军费。到桓帝即位，才用段颎做校尉，去讨叛羌，这个段颎，是以杀戮为主义的。他说："昔先零作寇，赵充国徙令居内，煎当乱边，马援迁之三辅。始服终叛，至今为梗，犹种枳棘于良田，养蛇虺於室内也。臣欲绝其本根，不使能殖。"于是从前一七五三年起，至前一七四三年止，用兵凡十一年。把西羌直追到河首积石山，东羌蹙到西县（如今甘肃的秦安县）。山中，差不多全行杀尽。这历年的羌乱，才算靠兵力镇定。（羌乱的详细，可参看《后汉书·本传》，和任尚、虞诩、段颎、皇甫规、张奂等传。）

后汉的羌人，并不算什么大敌，他的人数，究竟也并不算多，然而乱事的蔓延，军费的浩大，至于如此。就可见得当时军力的衰弱，政治的腐败。（这件事情，和清朝川楚教匪之乱，极其相像。军费自然十之七八，都是用在不正当的方面的。）却是（一）凉州一隅，因此而兵力独厚；（二）其人民流离迁徙之后，无以为生，也都养成一个好乱的性质，就替国家种下一个乱源。

政治腐败，它的影响，决不会但及于凉州一隅的。咱们现在，要晓得后汉时代社会的情形，且引几段后汉人的著述来看看。

> 今察洛阳：资末业者，什于农夫；虚伪游手，什于末业；是则一夫耕，百人食之；一妇桑，百人衣之；以一奉百，孰能供之。天下百郡千县，市邑万数，类皆如此；本末不足相供，则民安得不饥寒。《潜夫论·浮侈》。
>
> 王侯贵戚豪富，举骄奢以作淫巧，高负千万，不肯偿债；小民守门号呼，曾无怵惕惭怍哀矜之意。同上《断讼篇》。
>
> 使饿狼守庖厨，饥虎牧牢豕，遂至熬天下之脂膏，斲生人之骨髓。……豪人之室，连栋数百，膏田满野，奴婢千群，徒附万计，船车贾贩，周于四方，废居积贮，满于都城，奇赂宝货，巨室不能容，马牛羊豕，山谷不能受，妖童美妾，

填乎绮室，倡讴妓乐，列乎深堂。《昌言·理乱篇》。

井田之变：豪人货殖馆舍，布于州郡，田亩连于方国。……财赂自营，犯法不坐，刺客死士，为之投命。至势弱力少之子，被穿帷败，寄死不敛，冤困不敢自理。同上《损益篇》。

这种情形，说来真令人“刿心怵目”。却是为什么弄到如此？这是由于汉朝时候的社会，本不及后世的平等。他的原因，是由于（一）政治上阶级的不平，（二）经济上分配的不平，这个要参看下篇第三章第五节和第七节才得明白。这种不平等的社会，傥使政治清明，也还可以敷衍目前，为“非根本的救济”；却是后汉时代，掌握政柄的不是宦官就是外戚，外戚是纨绔子弟，是些无知无识的人，宦官更不必说。他们既执掌政权，所用的自然都是他们一流人，这一班人布满天下，政治自然没有清明的希望。要晓得黑暗的政治，总是拣着地方上愚弱的人欺的，总是和地方上强有力的人，互相结托的。所以中央的政治一不清明，各处郡县都遍布了贪墨的官；各处郡县都遍布了贪墨的官，各处的土豪，就都得法起来。那么，真不啻布百万虎狼于民间了。（灵帝开西邸卖官，刺史守令，各有价目。尤其是直接败坏吏治的一件事情。）

所以张角一呼，而青、徐、幽、冀、荆、扬、兖、豫八州的人，同时响应。张角是巨鹿人，他自创一种妖教，名为“太平道”，分遣弟子“诳诱四方”，十余年间，众至数十万，他把这些人分做许多“方”（大方万余人，小者數千）。暗约前一七二八年（灵帝中平元年）三月五日同时起事。还没有到期，给自己同党的人告发了，张角就“驰敕诸方，一时俱起”。中外大震。这种初起的草寇，论兵力，究竟是不济事的。灵帝派皇甫嵩、朱儁等去讨伐，总算不多时就戡定了。然而从此之后，到处寇盗蜂起，都以“黄巾”（张角的兵，都是把黄布包着头的，所以人家称他为黄巾）为号。郡县竟不能镇定。因为到处寇盗蜂起之故，把州刺史改做州牧，于是外权大重，就成为分裂的直接原因。（参看上篇第八章第一节、下篇第三章第一节。）

第二节　三国始末

“山雨欲来风满楼”，分裂的机会成熟了，却仍等待着积久为患的宦官外戚做个导火线。

灵帝是个最尊信宦官的。他因为数失皇子，何皇后的儿子辩，养于道人史子助家，号为史侯。王美人的儿子协，灵帝的太后董氏自行抚养，号为董侯。灵帝想立董侯，没有办到，前一七二三年，灵帝病重了，把董侯属托宦者蹇硕，叫蹇硕立他。这时候，何皇后的兄弟进，做了大将军，兵权在手。蹇硕想诱他入朝，把他杀掉，然后拥立董侯。何进明知他的阴谋，拥兵不朝。蹇硕不敢动。于是史侯即位，是为废帝。

这时候，外戚宦官，依旧是势不两立。然而何氏出身低微，何太后的立，颇得些宦官的力。以是何氏对于宦官，有些碍难下手。何进虽然杀掉蹇硕，又逼死董太后，杀掉董太后的哥哥董重；然而要尽诛宦官，何太后就要从中阻挠他。何进手下袁绍等一班人，因而劝何进召外兵以胁太后。

宦官知道事情危险了，就把何进诱入宫，杀掉。袁绍等乘势攻宦官，尽杀之。凉州将董卓，驻兵在河东。听得何进召外兵的命令，即日进兵。这时候刚刚到京。于是拥兵入京城，把废帝废掉了，拥立董侯，是为献帝。

京城里的大权，霎时间落入“凉州军阀”之手。袁绍等一班人，自然是不服的。于是袁绍逃回山东，起兵“讨卓”。诸州郡纷纷应之。董卓就把天子迁徙到长安（近着凉州老家）。“讨卓”的兵，本来不过“割据地盘”，没有“讨卓”的诚意。自然是迁延敷衍，毫无成功。

然而“凉州系”却又内乱起来了，前一七二〇年，司徒王允和中郎将吕布，合谋杀掉董卓。董卓手下的将官李傕、郭汜，起兵攻陷京城，杀掉王允。吕布逃到山东。李傕、郭汜又自相攻伐。傕劫天子，汜留公卿为质。直到前一七一六年，凉州将张济从东方来，替他们和解，才算罢兵言和。献帝趁这机会，便想逃归洛阳。李傕、郭汜起初答应了，后来又追悔，合兵来追。献帝靠群盗李乐等帮忙，总算逃脱。然而群盗又专起权来，外戚董承等没法，只得召兖州的曹操入卫。曹操既至，以洛阳残破，挟着献帝迁都许昌（如今河南的许昌县）。从此以后，大权都在曹操手里，献帝“守府而已”。

这时候，州牧郡守，纷纷割据。就有：

袁绍　据幽并青冀四州

刘备　据徐州

刘表　据荆州

刘焉　据益州

袁术　据寿春（如今安徽的寿县）

马腾、韩遂　割据凉州

后汉时代，是颇重门阀的（参看下篇第三章第七节）。袁绍是“四世三公”，所据的地方又广大，所以势力最强。却是曹操，“挟天子以令诸侯”，所假借的名义，也比众不同。

“凉州系”在当时是个扰乱天下的罪魁。然而其中并没有雄才大略的人，李傕、郭汜、张济，不久都无形消灭了。只有吕布，却是个骁将。袁术攻刘备，吕布乘势夺取徐州。刘备弄得无家可归，只得投奔曹操。这刘备也是个英雄，曹操便利用他去攻吕布。曹操表刘备做豫州牧，借兵给他。前一七一四年，和他合力攻杀吕布。这时候，袁术因为措置乖方，在寿春不能立足，想要投奔袁绍。曹操顺便叫刘备击破他。袁术只得折回，死在寿春。然而刘备也不是安分的人，就和董承合谋，想推翻曹操。却又自己出屯小沛。事情发觉了，曹操杀掉董承，打破刘备。刘备也投奔袁绍，于是青、徐、兖、豫四州略定。

袁曹冲突的时机到了。前一七一二年。战于官渡（在如今河南中牟县的北边），袁绍大败，惭愤而死。儿子袁谭、袁尚争立。前一七〇六年，曹操全定河北。〔袁谭为曹操所杀。袁尚逃到乌桓（参看第二章第一节）又给曹操打败；再逃到辽东，辽东太守公孙康把他杀掉。〕前一七〇四年，便南攻荆州。刘表刚好死掉，他的小儿子刘琮把荆州投降曹操。

这时候，刘备也在荆州。他和曹操是不能相容的，逃往江陵。曹操派轻骑追他，一天一夜走三百里，到当阳长阪（如今湖北的当阳县），追到了。刘备兵败，再逃到夏口，靠刘表的大儿子刘琦。

这时候的刘备，可算得势穷力尽了，却有一支救兵到来。当东诸侯起兵“讨卓”的时候。长沙太守孙坚也起兵而北。董卓西迁之后，孙坚便收复洛阳。后来和袁术结连去攻刘表，给荆州军射杀。坚兄子策，收集残部，投奔袁术。孙策虽然年少，倒也是个英雄。看看袁术不成个气候，便想独树一帜。于是请于袁术，得了父亲旧时的部曲。南定扬州。前一七一二年，孙策死了，他的兄弟孙权代领其众。刘备手下的诸葛亮，便想一条计策，自己到江东去求救。

这时候的江东，论起兵力来，万万敌不过曹操。然而（一）北军不善水战，（二）荆州军又非心服，（三）加以远来疲敝，又有疾疫，却也是曹操兵事上的弱点。孙权是个野心勃勃的人，手下周瑜、鲁肃等也有一部分主战的；于是派周瑜带水军三万，和刘备合力抵御曹操。大破曹操的兵于赤壁（如今湖北嘉鱼县的赤壁山）。于是曹操北还，刘备乘胜攻下如今湖南省的地方。明年，周瑜又攻破江陵。三分鼎足之势，渐渐的有些成立了。（俗传“借荆州”一语，说荆州是孙权借给刘备的。这句话毫无根据。请看赵翼《廿二史劄记》。）

赤壁战后，曹操一时也不想南下。而西方的交涉又起。原来凉州地方，本有个马腾、韩遂割据。李傕、郭汜等灭后，曹操虽然收复关中，派钟繇镇守，却还没顾得到凉州。前一七〇一年，曹操征马腾做卫尉。马腾的儿子马超，疑心曹操要害他，就和韩遂举兵造反。凉州的兵势，十分精锐。钟繇抵敌不住，只得弃长安而走。马超、韩遂直打到潼关。曹操自将去抵御他，用离间之策，叫他两个分心，到底把他打败了。明年，曹操就杀掉马腾。马超知道了，举兵又反，却给杨阜等起兵打败。马超就逃奔汉中。

这时候的汉中，是谁据着呢？先前巴郡有个张修，创立五斗米道（参看下篇第三章第六节）。沛县的张鲁信奉他，张修死后，张鲁就俨然做了教主。很有信奉他的人。益州牧刘焉，便叫他保守汉中。刘焉死后，儿子刘璋颇为暗弱。张鲁就有吞并益州之志。刘璋急了，因为刘备素有英雄之名，就想招他入川，借他防御张鲁。

刘备闻命，真是"得其所哉"。即便带兵入川，不多时，就借端和刘璋翻脸，把西川夺去，这是前一六九八年的事。前一六九七年，曹操平定张鲁，取了汉中。前一六九六年，刘备又把汉中夺去。这一年八月里，又命关羽从荆州进兵攻取襄阳。这时候的刘备，对于曹操竟取了攻势了。

曹操取汉中这一年，孙权因刘备入川，也颇想乘虚夺取荆州，刘备这时候，正想争取汉中。知道两面开衅是不行的。便和孙权妥协，把荆州地方平分，备使关羽守江陵，权使鲁肃屯陆口（如今湖北的蒲圻县。这时候周瑜已经死了）。到关羽进攻北方的时候，孙权又把吕蒙调回，换了个"未有重名，非羽所忌"的陆逊。关羽果然看轻他。把江陵守兵尽数调赴前敌，后路空虚。吕蒙便乘势发兵，袭取江陵。这时候，关羽前敌的攻势也已经给曹操发大兵堵住，弄得进退无路，只得退军，给孙权伏兵捉住，杀掉。西蜀进取之势，受了一个大打击。

前一六九二年，曹操死了。儿子曹丕嗣为魏王，便把汉献帝废掉，自立，是为魏文帝。明年，蜀汉先主刘备也称帝于成都。前一六九三年，孙权也在建业（如今江苏的江宁县，东晋时因为避愍帝的讳改名建康）称帝，是为吴大帝。后汉就此分作三国。

关羽的败亡，是蜀汉一个致命伤。当时东吴的无端开衅，却也是有伤国际信义的。（这种毫无借口的开衅，在历史上也很为少见。）所以先主称帝之后，就首先自将伐吴。却又在猇亭（在如今湖北宜都县西边）给陆逊杀得大败亏输。又羞又气，死了。诸葛亮受遗诏辅政，东和东吴，西南定益州（汉郡，治滇池，如今云南的昆明县）。屡次出兵伐魏。前一六七八年，死了。蜀汉就此不振。〔诸葛亮是中国一个大政治家，本书限于篇幅，不能详细介绍他。广智书局《中国六大政治家》里有他的传，颇可看的。诸葛亮出兵伐魏，第一次在前一六八五年。这一次魏人不意蜀国出兵，很为张皇失措。天水、南安、安定三郡，都叛应亮，兵势大振。时魏明帝初立，亲幸长安，派张郃去抵御他。诸葛亮派马谡当前锋。这张郃是魏国的宿将，马谡虽有才略，大约军事上的经验不及他。给张郃在街亭（如今甘肃的秦安县）打败。诸葛亮只得退回汉中。这一年十二月里，诸葛亮再出散关（在如今陕西宝鸡县西边）围陈仓（在宝鸡的东边），不克而退。明年春，再出兵攻破武都（如今甘肃的成县）、阴平（如今甘肃的文县）。前一六八一年，魏曹真伐蜀。攻汉中，不克。明年，诸葛亮伐魏。围祁山（在武都西北），魏司马懿来救。诸葛亮因粮尽退回。张郃来追，给诸葛亮杀掉。前一六七八年，诸葛亮再出兵伐魏。进兵五丈原（在如今陕西郿县），分兵屯田，为久驻之计。这年八月里，就病死了。诸葛亮的练兵和用兵，都很有规矩法度；和不讲兵法，专恃诡计，侥幸取胜的，大不相同。《三国志》、《晋书》，都把他战胜攻取的事情抹煞，这是晋朝人说话如此。只要看他用兵的地理，

是步步进逼，就可以知道他实在是胜利的了。〕

诸葛亮死后五年，魏明帝也死了。养子芳年纪还小。明帝死时，本想叫武帝的儿子燕王宇辅政。中书监刘放、中书令孙资，趁他昏乱时候，硬劝他用曹爽和司马懿。明帝听了他。于是曹爽、司马懿，同受遗诏辅政。其初大权尽在曹爽手里，司马懿诈病不出。到前一六六三年，曹爽从魏废帝出去谒陵。不知道怎样，司马懿忽然勒兵关起城门来，矫太后的命令，罪状曹爽。曹爽没法，只得屈伏了。其结果，就给司马懿所杀。于是大权尽入于司马懿之手。这件事的真相是无从考见的，然而有可注意的，曹爽所共的一班人，都是当时的名士，司马懿却是个军阀。〔曹爽和司马懿相持凡十年。曹爽是曹真的儿子，在魏朝总算是个宗室。朝廷上又有一班名士拥护他（把如今的话说起来，可以说他是名流系的首领）。其初司马懿不能与争，大概是这个原故。曹爽专政之后，把太后郭氏迁徙到永宁宫。和他的兄弟曹羲，都带了禁兵（这时候，表面上把司马懿尊做太傅，暗中却夺去他的权柄。司马懿就称病不出）。后来司马懿推翻他，就是趁他兄弟都出城，夺了他的禁兵，表面上却用太后出头。这样，我们推想起司马懿的行为来，大约是“交通宫禁”，“勾结军队”。其详情却就无可考较了。现在历史上所传的话，都是一面之词，信不得的。〕曹爽死后，司马懿、司马师、司马昭，父子弟兄，相继秉政，削平异己。（当时魏国的军人，都是司马懿一系。只有扬州的兵反抗他。前一六六一年，扬州都督王凌，前一六五七年，扬州都督毌丘俭，前一六五五年，扬州都督诸葛诞，三次起兵。都给司马氏平定。）司马师先废曹芳而立曹髦；司马昭又杀曹髦而立曹奂；到司马炎，就自己做起皇帝来了（前一六四七年）。

蜀自诸葛亮死后，蒋琬、费祎，相继秉政。费祎死后，后主才亲理万机，信任宦官黄皓，颇为昏暗。蒋琬、费祎的时代不大主张用兵。费祎死后，姜维执掌兵权，连年出兵北伐，毫无效果；而百姓疲弊，颇多怨恨。前一六四九年，司马昭叫钟会、邓艾两道伐蜀。会取汉中，姜维守住剑阁（如今四川的广元县），会不得进。而邓艾从阴平直下绵竹（就是从甘肃文县，出四川平武县的左担山，向绵竹的一条路），猝攻成都，后主禅出降。蜀汉就此灭亡。于是晋国派羊祜镇襄阳，王濬据益州以图吴。（羊祜死后，杜预代他。）

吴自大帝死后，少子亮立。诸葛恪辅政，给孙峻所杀。于是峻自为大将军。峻死后，弟綝继之，废亮而立景帝休。景帝把孙綝杀掉，然而也无甚作为。景帝死后，儿子皓立，很为淫虐。吴当诸葛恪秉政时，曾一次出兵伐魏。诸葛恪死后，忙着内乱，就没有工夫顾到北方。靠着一个陆抗，守着荆州，以抵御西北两面。陆抗死后（前一六三八年），吴国就没有人才了。前一六三二年，王濬、杜预，从益、荆两州，顺流而下。王濬的兵先到，孙皓出降。吴国也就灭亡。

三国时代，是我国南北对抗之始。这时代特可注意的是江域的渐次发达。前此江南的都会，只有一个吴。江北的广陵（如今江苏的江都县）却是很著名的。我们可以设想，产业和文化的重心还在长江的北岸。自从孙吴以建业为国都（孙吴建国，北不得淮域。濡须水一带，是兵争的要地。定都建业，既可扼江为险，又便于控制这一带地方），建业后来又做了东晋和宋、齐、梁、陈四朝建都之所。东晋以后，南方文化的兴盛，固由于北方受异族之蹂躏，衣冠之族避难南奔；然而三国时代的孙吴，业已人才济济。这也可见南方自趋于发达的机运，不尽借北方的扰乱为文化发达的外在条件了。又益州这地方，从古以来，只以富饶著名，在兵争上，是无甚关系的。却是到三国时代，正因为他地方富饶，就给想“占据地盘”的人注目。（刘备初见诸葛亮的时候，诸葛亮劝他占据荆益二州。说“天下有变：则命一上将，将荆州之军，以向宛洛；将军身率益州之众，以出秦川。”前者就是关羽攻魏的一条路。关羽既败，诸葛亮屡次伐魏，就只剩得后者一条路了。论用兵形势，自然是出宛洛，容易震动中原，所以我说荆州之失，是蜀汉的致命伤。然而刘备、诸葛亮，当日必定要注重益州。则“荆土荒残，人物凋敝”两句话，就是他主要的原因。这个全然是富力上的问题。）而向来不以战斗著名的蜀人，受诸葛亮一番训练，居然成了“节制之师”。从此以后，蜀在大局上的关系也更形重要了。

当时还有一个占据辽东的公孙度，传子公孙渊，于前一六七五年，为司马懿所灭。其事情，和中原无甚关系。与高丽有关系处，详见下篇第一章第六节。

三国系图

魏武帝曹操 ┬─（一）文帝曹丕 ┬─（二）明帝叡 ——（三）齐王芳
　　　　　 │　　　　　　　　└─东海王霖 ——（四）高贵乡公髦
　　　　　 └─燕王宇 ——（五）陈留王奂

（一）蜀汉先主（昭烈帝）刘备——（二）后主禅

（一）吴大帝孙权 ┬─南阳王和——（四）末帝皓
　　　　　　　　 ├─（二）废帝亮
　　　　　　　　 └─（三）景帝休

袁曹成败①

袁、曹成败，昔人议论孔多，然皆事后附会之辞，非其实也。建安五年，曹操之东征刘备也，《武帝纪》曰："诸将皆曰：'与公争天下者袁绍也，今绍方来，而弃之东，绍乘人后，若何？'公曰：'夫刘备，人杰也，今不去，后必为患。袁绍虽有大志，而见事迟，必不动也。'郭嘉亦劝公（嘉传无此语）。遂东击备，破之。……公还官渡，绍卒不出。"《绍传》亦云："太祖自东征备，田丰说绍袭太祖后，绍辞以子疾，不许，丰举杖击地曰：'夫遭难遇之机，而以婴儿之病失其会，惜哉！'"皆病绍之用兵，不能乘时逐利。案用兵各有形势，轻兵掩袭，乘时逐利，与持重后进，专以摧破敌人之大军为主旨者，各一道也。

绍之计，盖为先定河北，然后蓄势并力，以与强者争衡。当操与吕布相持于兖州时，强敌在前，饥军不立，欲从袁绍之说，遣家居邺（《三国志·魏书·程昱传》）。其势可谓危矣，然以程昱之谏而遂止，袁绍亦不之问。其后吕布为操所败，张邈从布走，张超犹守雍丘，臧洪以故吏之谊，欲乞兵往救。绍当是时大可存超以为牵制，而犹终不听许，至反因此与洪构衅，诚欲专力于河北，未欲问鼎于河南也。

建安四年，绍既并公孙瓒，将进军攻许，则既遣人招张绣，复与刘备连和。其明年，两军既相持，则有刘辟等应绍略许下，

① 本篇选自《吕思勉遗文集》（下）（华东师范大学出版，1997年版，第605～608页）。

绍又使刘备助之，则绍于牵制操耳，亦不为不力矣。然终不发大兵为之援者，许下距河北远，多遣兵则势不能捷，少则无益于事，徒招挫折，故绍不肯遣大兵。即操亦知其如此，度其时日，足以定备，是以敢于轻兵东骛，非真能逆臆绍之昧机而不动也。

绍之南也，田丰说绍曰："操善用兵，变化无方，众虽少，未可轻也。今不如久持之……简其精锐，分为奇兵，乘虚迭出，以扰河南，救右则击其左，救左则击其右，使敌疲于奔命，民不得安业，我未劳而彼已困，不及三年，可坐克也。今释庙胜之策而决成败于一战，若不如志，悔无及也。"及兵既接，沮授又曰："北兵虽众，而果劲不及南；南军谷少，而货储不如北；南幸于急战，北利于缓师，宜徐持久，旷以日月。"一以兵之不逮，一以将之不及，不欲速战，而主持久以敝敌。盖时河北虽云凋敝，然其空乏初不如河南之甚，田丰违旨，终遭械系，沮授之策，则绍实不可谓不用。《绍传》云："太祖与绍相持日久，百姓疲乏，多叛应绍，军食乏。"《武帝纪》亦谓：操以粮少，与荀彧书，议欲还许。而绍则运谷车为徐晃、史涣所邀击者数千乘。又使淳于琼等五人将兵万余人送之，悉为操所烧，乃致大溃。则其粮储之丰可知，使徐晃、史涣功不成，操攻琼而之诛不启，抑或不克济，事之成败，固未可知。

或传太祖军粮方尽，书与彧议，欲还许以引绍。彧曰："今军食虽少，未若楚、汉在荥阳、成皋间也。是时刘、项莫肯先退，先退者势屈也。公以十分居一之众，划地而守之，扼其喉而不得进，已半年矣。情见势竭，必将有变，此用奇之时，不可失也。"夫楚汉相持，汉以兵多食足见长，楚兵少食尽，其势与曹操之势正相反，安得举以为喻。陆逊之策刘备曰：“备是猾虏，更尝事多，其军始集，思虑精专，未可干也。今住已久，不得我便，兵疲意沮，计不复生，犄角此寇，正在今日。”此即荀彧所谓情见势绌，用奇之时。徐晃、史涣之邀击，及操之自将以攻淳于琼，正是其事。然亦幸而获济耳，使绍而虑精专，此等竟不能遂，则其后之成否，固犹未可知也。然则袁绍之成败，亦间不容发耳。所谓还许以引绍者，即是不支而退，使其竟尔如此，而绍以大兵乘其后，曹军之势必土崩瓦解，不复支矣。然则绍之筹策，固亦未尝可谓其不奏功也。

《满宠传》云：“时袁绍盛于河朔，而汝南绍之本郡，门生宾客布在诸县，拥兵拒守。太祖忧之，以宠为汝南太守。宠募其服从者五百人，率攻下二十余壁，诱其未降渠帅，于坐上杀十余人，一时皆平。得户二万，兵二千人，令就田业。”

《李通传》云：“建安初，通举众诣太祖于许。拜通振威中郎将，屯汝南西界。太祖讨张绣，刘表遣兵以助绣，太祖军不利。通将兵夜诣太祖，太祖得以复战，通为先登，大破绣军。拜裨将军，封建功侯。分汝南二县，以通为阳安都尉。通妻伯父犯法，朗陵长赵俨收治，致之大辟。是时杀生之柄，决于牧守，通妻子号泣以请其命。通曰：‘方与曹公戮力，义不以私废公。’嘉俨执宪不阿，与为亲交。太祖与袁绍相拒于官渡。绍遣使拜通征南将军，刘表亦阴招之，通皆拒焉。通亲戚部曲流涕曰：‘今孤危独守，以失大援，亡可立而待也，不如亟从绍。’通按剑以叱之……即斩绍使，送印绶诣太祖。又击郡贼瞿恭、江宫、沈成等，皆破残其众，送其首。遂定淮、汝之地。”

《赵俨传》云："袁绍举兵南侵，遣使招诱豫州诸郡，诸郡多受其命。惟阳安郡不动，而都尉李通急录户调。俨见通曰：'方今天下未集，诸郡并叛，怀附者复收其绵绢，小人乐乱，能无遗恨！且远近多虞，不可不详也。'通曰：'绍与大将军相持甚急，左右郡县背叛乃尔。若绵绢不调送，观听者必谓我顾望，有所须待也。'俨曰：'诚亦如君虑；然当权其轻重，小缓调，当为君释此患。'乃书与荀彧……彧报曰：'辄白曹公，公文下郡，绵绢悉以还民。'上下欢喜，郡内遂安。"此可见操之多忠亮死节之臣，刘辟等之所以不能摇动以此也。

《后汉书·绍传》云：绍与操相持，许攸进曰："曹操兵少而悉师拒我，许下余守势必空弱，若分遣轻军，星行掩袭，许拔则操为成禽，如其未溃，可令首尾奔命，破之必也。"夫遣骑轻则如曹仁等优足拒之矣，安得使操疲于奔命而况侈言拔许哉！

曹操之攻淳于琼也，袁绍闻之，谓长子谭曰："就彼攻琼等，吾攻拔其营，彼固无所归矣！"乃使张郃、高览攻曹洪。此亦未为非计（《三国志·魏书·武帝纪》）。而郃谓曹分营固，攻之必不拔（《三国志·张郃传》），其后果然，则操之备豫不虞不为不至。安得如书生谈兵谓一即可袭取哉！

要之两汉三国时史所传，惟一大纲，余皆事后附会之辞，遂一一信为事实则傎矣。《蜀志》又谓曹公北征乌丸，先主说表袭许，表不能用其说，当时又谓孙策闻公与绍相持，乃谋袭许，未发，为刺客所杀（《三国志·魏书·武帝纪》），则近于子虚乌有矣[1]。

---

① 参见本书《孙策欲袭许》。

《荀彧传》载彧论曹公较之袁绍有四胜，又曰不先取吕布，河北亦未易图也。《郭嘉传》注引《傅子》又谓嘉料绍有十败，公（指曹操）有十胜，其所谓十败十胜者，实与彧之辞无大异，特敷衍之，多其节目耳。又曰：嘉曰“绍方北击公孙瓒，可因其远征，东取吕布，不先取布，若绍为寇，布为之援，此深害也”。两人之言有若是其如出一口者乎，其为事后附会，而非其实，审矣。然此等综括大体之辞，较之专论一事者差为近理。要之当时之史尚系传述之辞，多所谓某人某人之语，未必可即作其人之辞观。然以此为其时人之见解，固无不可也。《史》《汉》之《留侯传》，《三国志》之《荀彧传》均可作如是观。

论魏武帝[①]

从古英雄，坚贞坦白，无如魏武者。予每读《三国志》注引《魏武故事》所载建安十五年十二月己亥令，未尝不怆然流涕也。

他且勿论，其曰：“合兵能多得耳，然常自损，不欲多之；所以然者，兵多意盛，与强敌争，倘更为祸始。”自清末至民国，军人纷纷，有一人知念此者乎？

其引齐桓、晋文及乐毅、蒙恬之事，自明不背汉，可谓语语肝鬲。且曰：“孤非徒对诸君说此也，常以语妻妾，皆令深知此意。孤谓之言：顾我万年之后，汝曹皆当出嫁，欲令传道我心，使他人皆知之。”以众人之不知也，使豪杰独抱孤忠，难以自明如

① 本篇选自吕思勉著《论学集林·蒿庐论学丛稿》（上海教育出版社，1987 年版，第 113～115 页）。

此，岂不哀哉？

又曰："然欲孤便尔委捐所典兵众，以还执事，归就武平侯国，实不可也。何者？诚恐己离兵，为人所祸也。既为子孙计，又己败则国家倾危，是以不得慕虚名而处实祸。"

又曰："前朝恩封三子为侯，固辞不受，今更欲受之，非欲复以为荣，欲以为外援，为万安计。"从古英雄，有能如是坦白言之者乎？

夫惟无意于功名者，其功名乃真。公初仅欲作郡守，后又欲以泥水自蔽，绝宾客往来之望，虽至起兵讨卓之后，犹不肯多合兵是也。惟不讳为身谋者，其为公家谋乃真。使后人处公之位，必曰所恤者国家倾危，身之受祸非所计，更不为子孙计也。然其诚否可知矣。

《董昭传》载昭说太祖建封五等曰："太甲、成王未必可遭，今民难化，甚于殷、周，处大臣之势，使人以大事疑己，诚不可不重虑也。明公虽迈威德，明法术，而不定其基，为万世计，犹未至也。定基之本，在地与人，宜稍建立，以自藩卫。"此即太祖欲受三子侯封以为外援之说，意在免祸，非有所图；且太祖早自言之矣，何待昭之建议。

乃《传》又载昭之言曰："自古以来，人臣匡世，未有今日之功。有今日之功，未有久处人臣之势者也。……明公忠节颖露，天威在颜，耿弇床下之言，朱英无妄之论，不得过耳。昭受恩非凡，不敢不陈。"后太祖遂受魏公、魏王之号，皆昭所创。《荀彧传》云：建安"十七年，董昭等谓太祖宜进爵国公，九锡备物，以彰殊勋，密以谘彧。彧以为太祖本兴义兵以匡朝宁国，秉忠贞之诚，守退让之实；君子爱人以德，不宜如此。太祖由是心不能平。会征孙权，表请彧劳军于谯，因辄留彧，以侍中光禄大夫持节，参丞相军事。太祖军至濡须，彧疾留寿春，以忧薨。……明年，太祖遂为魏公矣”。一似太祖之为魏公、魏王，实为篡逆之阶，董昭逢之，荀彧沮之者，此则诬罔之辞矣。

太祖果欲代汉，易如反掌，岂待董昭之逢，亦岂荀彧所能沮？欲篡则竟篡矣，岂必有魏公、魏王以为之阶？《昭传》注引《献帝春秋》，谓太祖之功，方之吕望、田单，若泰山之与丘垤，徒与列将功臣，并侯一县，岂天下之所望？此以事言为极确，即以理论为至平，开建大国，并封诸子，使有磐石之安宜也，于篡夺乎何与？《彧传》之说既全属讹传，即《昭传》之辞，亦附会不实。然谓公忠节颖露，耿弇、朱英之谋不得过耳，则可见太祖当时守节之志甚坚，为众人所共知，故虽附会者，亦有此语也。己亥令所言之皆实，弥可见矣。

《郭嘉传》：嘉薨，太祖临其丧，哀甚，谓荀攸等曰：“诸君年皆孤辈也，惟奉孝最少。天下事竟，欲以后事属之，而中年夭折，命也夫！”注引《傅子》载太祖与荀彧书亦云：“欲以后事属之。”此太祖之至心，亦即公天下之心也。然其事卒不克就，身死未几，子遂篡夺，岂郭嘉外遂无人可属哉？人之心思，恒为积习所囿。父死者必子继，处不为人臣之势，则终必至于篡夺而后已。人人之见解如此，固非一二人之力所能为也。太祖即有所属，受其属者，亦岂能安其位哉？然而太祖之卓然终守其志，则可谓难矣。英雄固非众人之所能移也。

《蜀志·李严传》注云：“《诸葛亮集》有严与亮书，劝亮宜受九锡，进爵称王。亮答书曰：‘……吾本东方下士，误用于先帝，位极人臣，禄赐百亿，今讨贼未效，知己未答，而方宠齐、晋，坐自贵大，非其义也。若灭魏斩叡，帝还故居，与诸子并升，虽十命可受，况于九邪！’”如亮之言，使其为魏武帝，岂有不受九锡者哉？而李严当日，岂有劝亮为帝之理与？而以魏武帝之受九锡，进王封，必为篡夺之阶，其诬亦可知矣。

曹嵩之死①

《三国志·魏武帝本纪》兴平元年云：“初，太祖父嵩，去官后还谯，董卓之乱，避难琅玡，为陶谦所害，故太祖志在复仇东伐。”《后汉书·陶谦传》云：“初，曹操父嵩避难琅玡，时谦别将守阴平，士卒利嵩财宝，遂袭杀之。”

董卓之乱，未尝及谯，而嵩须避难者，以太祖合兵诛卓也。嵩所避居之琅玡，盖今山东诸城县东南之琅玡山，而非治开阳、在今临沂县境之琅玡郡，僻处海隅，为耳目所不及，故可避卓购捕之难。汉阴平县治在今江苏沭阳县东北，相距颇近，故为陶谦别将戍此者所害也。

《三国志》注引《世语》曰：“嵩在泰山华县，太祖令泰山太守应劭送家诣兖州，劭兵未至，陶谦密遣数千骑掩捕。嵩家以为劭迎，不设备，谦兵至，杀太祖弟德于门中。嵩惧，穿后垣先出其妾，妾肥不时得出，嵩逃于厕，与妾俱被害，阖门皆死。”又引

① 本篇选自《吕思勉遗文集》（下）（第601～603页）。

韦曜《吴书》曰："太祖迎嵩，辎重百余两，陶谦遣都尉张闿将骑二百卫送，闿于泰山华、费间杀嵩，取财物，因奔淮南。"

案：初平四年下邳阙宣聚众数千人，自称天子。谦与共举兵取泰山华、费，略任城，太祖乃征谦，则兖徐构衅，祸始泰山华、费。或又以为操与谦有不共戴天之仇，遂妄谓嵩之见杀，为在泰山华、费之间也。初平三年《纪》云："袁术与绍有隙，术求援于公孙瓒，瓒使刘备屯高唐，单经屯平原，陶谦屯发干，以逼绍。太祖与绍会击，皆破之。"盖是时之相争者，袁绍与刘表为朋，袁术与公孙瓒为伍，太祖据兖州，绍之党也。田楷据青州，陶谦据徐州，皆瓒之与也。发干之屯，谦既躬进兵以逼绍；泰山之略，谦又合阙宣以图操，则自初平四年夏以前，陶谦皆攻取之师，袁绍与魏太祖仅备御之师而已。初平四年之秋，兴平元年之夏，魏祖始再举攻谦，谓之徼利之师可，谓之除害之师，亦无不可；谓之复仇则诬。嵩之死，固由谦之不能约束所部，然不能约束所部者亦多矣，究与躬行杀者有别也。

《后汉书·应劭传》六年拜泰山太守。"兴平元年，前太尉曹嵩及子德，从琅玡入太山，劭遣兵迎之，未到，而徐州牧陶谦素怨嵩子操数击之，乃使轻骑追嵩、德，并杀之于郡界。劭畏操诛，弃郡奔冀州牧袁绍。"

《三国志·陶谦传》注引《吴书》谓："曹公父于泰山被杀，归咎于谦。欲伐谦而畏其强，乃表令州郡一时罢兵。"谦被诏，上书拒命，"曹公得谦上书事，知不罢兵，乃进攻彭城"。裴松之谓："此时天子在长安，曹公尚未秉政，罢兵之诏，不得由曹氏出。"

诸葛亮南征考[①]

诸葛亮之南征，《三国志》记其事甚略。《亮传》注引《汉晋春秋》曰：亮至南中，所在战捷。闻孟获者，为夷、汉所服，募生致之。既得，使观于营阵之间。问曰："此军何如？"获对曰："向者不知虚实，故败。今蒙赐观看营阵，若只如此，即定易胜耳。"亮笑，纵使更战。七纵七禽（擒），而亮犹遣获，获止不去，曰："公，天威也，南人不复反矣。"遂至滇池。南中平，皆即其渠帅而用之。或以谏亮，亮曰："若留外人，则当留兵，兵留则无所食，一不易也；加夷新伤破，父兄死丧，留外人而无兵者，必成祸患，二不易也；又夷累有废杀之罪，自嫌衅重，若留外人，终不相信，三不易也。今吾欲使不留兵，不运粮，而纲纪粗定，夷、汉粗安故耳。"

《马谡传》注引《襄阳记》曰：亮征南中，谡送之数十里。亮曰："虽共谋之历年，今可更惠良规。"谡对曰："南中恃其险远，不服久矣。虽今日破之，明日复反耳。今公方倾国北伐，以事强贼，彼知官势内虚，其叛亦速。若殄尽遗类，以除后患，既非仁者之情，且又不可仓卒也。夫用兵之道，攻心为上，攻城为下；心战为上，兵战为下；愿公服其心而已。"亮纳其策，赦孟获以服南方，故终亮之世，南方不敢复反。

攻心攻城，心战兵战，后世侈为美谈，其实不中情实。案当

① 本篇选自吕思勉著《论学集林·蒿庐札记》（上海教育出版社，1987 年版，第 728～731 页）。

时叛者，牂牁朱褒、益州雍闿、越嶲高定。

褒之叛在建兴元年，闿、定则尚在其前（《后主传》：“建兴元年夏，牂牁太守朱褒拥郡反。先是益州郡大姓雍闿反，流太守张裔于吴，据郡不宾。越嶲夷王高定亦背叛。”据《张裔传》及《马忠传》，则闿前次已杀太守正昂。《吕凯传》云：“雍闿等闻先主薨于永安，骄黠滋甚。”又载亮表凯及王伉，谓其“执忠绝域，十有余年”，则当先主之世，闿亦未尝服从也）。闿又系为吴所诱（见《蜀志·张裔、吕凯传》《吴志·步骘、士燮传》），其答李严书，辞绝桀慢（见《吕凯传》），盖其蓄叛谋久矣。其心岂仓卒可服？

《李恢传》云：“为庲降都督……住平夷县。先主薨，高定恣睢于越嶲，雍闿跋扈于建宁，朱褒反叛于牂牁。丞相亮南征，先由越嶲，而恢案道向建宁。诸县大相纠合，围恢军于昆明。”“恢出击，大破之。追奔逐北，南至槃江，东接牂牁，与亮声势相连。南土平定，恢军功居多。”

《吕凯传》：“永昌不韦人也。仕郡五官掾功曹。……（雍）闿又降于吴，吴遥署闿为永昌太守。永昌既在益州郡之西，道路壅塞，与蜀隔绝，而郡太守改易，凯与府丞蜀郡王伉，帅厉吏民，闭境拒闿。……及丞相亮南征讨闿，既发在道，而闿已为高定部曲所杀。”亮至南，表以凯为云南太守（亮平南之后，改益州郡为建宁郡。分建宁、永昌郡为云南郡，又分建宁、牂牁为兴古郡），王伉为永昌太守。

《马忠传》云：“亮入南，拜忠牂牁太守。郡丞朱褒反，叛乱之后，忠抚育恤理，甚有威惠。”

昆明种落，西至楪榆，其距越嶲，已不甚远。亮兵自越嶲而出，至云南附近，必已与李恢、吕凯相接。永昌本未破坏。自昆明以东，又为恢所平定，则亮之战绩，当在越嶲、云南之间。既抵云南，遂可安行至滇池矣。亮之行，盖至滇池为止。自此以东，益因李恢兵势，更遣马忠往抚育之。

《后主传》仅云："南征四郡，四郡皆平。"《亮传》亦仅云："率众南征，其秋悉平。"不详述其战绩者，亮军实无多战事也。七纵七擒事同儿戏，其说信否，殊难质言。即谓有之，亦必在平原，非山林深阻之区。且以亮训练节制之师，临南夷未经大敌之众，胜算殆可预操。

孟获虽得众心，实非劲敌。累战不捷，强弱皎然，岂待七擒而后服？况攻心攻城，心战兵战，乃庙算预定之策，非临机应变之方，谋之历年，当正指此，安得待出军之日，然后问之？马谡亦安得迟至相送之日，然后言之乎？

《李恢传》云："军还，南夷复叛，杀害守将。恢身往扑讨，锄尽恶类，徙其豪帅于成都，赋出叟、濮耕牛战马金银犀革，充继军资，于时费用不乏。"此所谓军还者，当指亮南征之军。所谓费用不乏，亦即《亮传》所谓军资所出，国以富饶。其事相距不远，故承其秋悉平之下终言之。则是亮军还未几，南夷即叛也。

《后主传》："（建兴）十一年，南夷刘胄反，将军马忠讨平之。"《马忠传》亦云："建兴十一年，南夷豪帅刘胄反，扰乱诸郡。征庲降都督张翼还，以忠代翼，忠遂斩胄，平南土。"而据《张翼传》，则翼之为庲降都督，事在建兴九年，刘胄作乱，翼已举兵讨胄，特未破而被征。然则胄之乱尚未必在十一年；即谓其在十一年，而亮之卒实在十二年八月，相去尚几两年也。

《马忠传》又云："初，建宁郡杀太守正昂，缚太守张裔于吴，故都督常驻平夷县。至忠，乃移治味县，处民夷之间。又越嶲郡亦久失土地，忠率将太守张嶷，开复旧郡。"《张嶷传》注引《益都耆旧传》云："忠之讨胄，嶷复属焉。战斗常冠军首，遂斩胄。平南事讫，牂牁兴古獠种复反。忠令嶷领诸营往讨。"此事当在建兴十一二年间，亮亦尚未卒。

又《后主传》：延熙三年春，使越嶲太守张嶷平定越嶲郡。《张嶷传》云："自丞相亮讨高定之后，叟夷数反，杀太守龚禄、焦璜。是后太守不敢之郡，只住（安定）县，去郡八百余里，其郡徒有名而已。时论欲复旧郡，除嶷为越嶲太守。嶷在官三年，乃徙还故郡。定莋、台登、卑水三县，旧出盐铁及漆，而夷徼久自固食。嶷乃率所领夺取，署长吏。郡有旧道，经旄牛中至成都，既平且近。自旄牛绝道，已百余年，更由安上，既险且远。嶷乃与旄牛夷盟誓，开通旧道，复古亭驿。"又《霍峻传》："子弋……永昌郡夷獠，恃险不宾，数为寇害。乃以弋领永昌太守，率偏军讨之。遂斩其豪帅，破坏邑落，郡界宁静。"此事在弋为太子中庶子之后，太子璿之立，事在延熙元年，则弋之守永昌，当略与嶷之守越嶲同时。然则不但终亮之世，南方不敢复反为虚言；抑亮与李恢、吕凯等，虽竭力经营，南夷仍未大定，直至马忠督庲降，张嶷守越嶲，霍弋守永昌，然后竟其令功也。诸人者，固未尝不竭抚育之劳，亦未闻遂释攻战之事，此又以见攻心心战之策，未足专恃矣。

要之亮之素志，自在北方；其于南土，不过求其不为后患而止。军国攸资，已非夙望，粗安粗定，自系本怀。一出未能敉平，原不足为亮病，必欲崇以虚辞，转贻致讥失实矣。

诸葛亮随身衣食悉仰于官不别治生①

诸葛亮自表后主曰：“成都有桑八百株，薄田十五顷，子弟衣食，自有余饶。至于臣在外任，无别调度，随身衣食，悉仰于官，不别治生，以长尺寸。若臣死之日，不使内有余帛，外有赢财，以负陛下。”及卒，如其所言（见《三国志》本传）。读史者以为美谈。

其实当时能为此者，非亮一人也。夏侯惇“性清俭，有余财，辄以分施，不足资之于官，不治产业”。徐邈“赏赐皆散与将士，无入家者”。嘉平六年，诏与田豫并褒之（以上均见《三国志》本传）。邓芝“为大将军二十余年……身之衣食，资仰于官，不苟素俭，然终不治私产，妻子不免饥寒。死之日，家无余财”。吕岱“在交州，历年不饷家，妻子饥乏”。其所为皆与亮同。

陈表“家财尽于养士，死之日，妻子露立”。朱桓“爱养吏士，赡护六亲，俸禄产业，皆与共分。及桓疾困，举营忧戚”（见《三国志》本传）。则尤有进焉者矣。

君子行不贵苟难，不以公家之财自私则可矣；禄尽于外，而妻子饥寒则过矣。要之治生自治生，廉洁自廉洁，二者各不相妨也。

袁涣“前后得赐甚多，皆散尽之，家无所储，终不问产业，

---

① 本篇选自吕思勉著《论学集林·蒿庐札记》（第731～735页）。

乏则取之于人，不为皦察之行，然时人服其清”（见《三国志》本传）。有袁涣之行则可也。无之，则有借通财之名，行贪取之实者矣。随身用度，悉仰于官，而无节度，亦不能保贪奢者之不恣取也。为之权衡斗斛，则并权衡斗斛而窃之，于私产之世而求清廉，终无正本之策也。是故督责之术之不可以少弛也，于财计尤然。

羊续为南阳太守，妻与子秘俱诣郡舍，续闭门不纳。妻自将秘行，其资藏惟有布衾、敝祇裯、盐麦数斛而已。顾敕秘曰：“吾自奉若此，何以资尔母乎？”使与母俱归。刘虞“以俭素为操，冠敝不改，乃就补其穿。及遇害，瓒兵搜其内，而妻妾服罗纨，盛绮饰，时人以此疑之”（均见《后汉书》本传）。步骘“被服居处有如儒生。然门内妻妾，服饰奢绮，颇以此见讥”（见《三国志》本传）。夫虞与骘非必其为伪也，和洽曰：“夫立教观俗，贵处中庸，为可继也。今崇一概难堪之行以检殊涂，勉而为之，必有疲瘁。”（见《三国志》本传）俭者之家人，不必其皆好俭也。身安于俭焉，习于俭焉，勉于俭焉，皆无不可，必欲强其家人以同好，则难矣。迫其家人为一概难堪之行，以立己名，尤非真率平易者所能为。故居官者携家室以俱行，未为失也，必欲使之绝父子之恩，忘室家之好，如世所称妻子不入官舍者，亦非中庸之行矣。然身俭素而家人奢泰，以此累其清节者，亦非无之。妻子不入官舍，亦有时足为苞苴滥取之防，以此自厉，究为贤者，较之以家自累者，则远胜矣（《三国志》载：蒋钦，“权尝入其堂内，母疏帐缥被，妇妾布裙。权叹其在贵守约”。则家人能俱安于俭者，亦有之，然非可概诸人人也）。

治生之道，循分为难。何谓循分？曰：“耕而食，织而衣，有益于己，无害于人者是已。”然在交易既兴之后则难矣。无已，其廉贾乎？然身处阛阓之中，为操奇计赢之事，而犹能不失其清者，非有道者不能，凡人未足以语此也。士大夫之家，既不能手胼足胝，躬耕耘之业，又不能持筹握算，博蝇头之利；使为农商，必将倚势凌人，滞财役贫矣。陈化敕子弟废田业，绝治产，仰官廪禄，不与百姓争利（见《三国志·孙权传》黄武四年注引《吴书》），以此也。若其财果出于廪禄，虽治产亦何伤？所以必绝之者，正以士大夫而治生，易有妨于百姓故也。诸葛亮之不别治生，其以此欤？

《三国志·孙休传》注引《襄阳记》言：“（李）衡每欲治家，妻辄不听。后密遣客十人，于武陵龙阳汜洲上作宅，种甘橘千株。临死，敕儿曰：‘汝母恶我治家，故穷如是。然吾州里有千头木奴，不责汝衣食，岁上一匹绢，亦可足用耳。’衡亡后二十余日，儿以白母，母曰：‘此当是种甘橘也。汝家失十户客来七八年，必汝父遣为宅。汝父恒称太史公言，江陵千树橘，当封君家。’吾答曰：‘且人患无德义，不患不富，若贵而能贫，方好耳，用此何为？’吴末，衡甘橘成，岁得绢数千匹，家道殷足。晋咸康中，其宅址枯树犹在。”患无德义而不忧贫，衡之妻何其贤也！然勤树艺之利，而不剥削于人，衡之治生，亦可谓贤矣。然自吴末至咸康，五十年耳，木已枯矣，信乎树木之利，不如树人也。

士之能厉清节者寡矣，乱世尤甚，以法纪荡然，便于贪取也。《三国志·王修传》言：袁氏政宽，在职势者多畜聚。太祖破邺，籍没审配等家财物以万数。此袁氏所由亡欤？（《郭嘉传》注引《傅子》，谓嘉言绍有十败，曹公有十胜，汉末政失于宽，绍以宽济宽，公纠之以猛。然则绍之宽，非宽于人民，乃宽于虐民者耳。）然虽太祖，亦未能使其下皆厉廉节也。太祖为司空时，以己率下，每岁发调，使本县平资。于时谯令平曹洪资财与公家等，太祖曰："我家资那得如子廉耶？"（《三国志·曹洪传》注引《魏略》）洪之多财可知矣。诸葛瑾及其子恪并质素，虽在军旅，身无采饰；而恪弟融，锦罽文绣，独为奢绮。潘璋"性奢泰，末年弥甚，服物僭拟，吏兵富者，或杀取其财物"（均见《三国志》本传）。其不法如此。然非独武人也，曹爽等实不世之才，而卒以奢败。魏之何夔，蜀之刘琰，吴之吕范，并以豪汰称，而其风且传于奕世（何曾，夔之子也）。晋治之不善，王、石等之奢汰实为之，而其风则仍诸魏末者也。以魏武帝、诸葛武侯之严，吴大帝之暴，而不能绝，亦难矣。

太祖父嵩之死，《武帝纪》注引《世语》《吴书》，其说不同。《世语》云："嵩在泰山华县，太祖令泰山太守应劭送家诣兖州，劭兵未至，陶谦密遣数千骑掩捕。嵩家以为劭迎，不设备。谦兵至……阖门皆死。"《吴书》言："太祖迎嵩，辎重百余两。陶谦遣都尉张闿将骑二百卫送，闿于泰山华、费间杀嵩，取财物，因奔淮南。"谦虽背道任情，谓其与阙宣合从寇钞，似失之诬，当以《吴书》之言为是。然无论其为谦遣骑掩捕，抑卫送之将所为，嵩之慢藏诲盗则一也。处乱世者，可不戒欤？

鲁肃指囷，读史者亦久传为美谈，然亦非独肃也。先主转军广陵海西，糜竺进奴客二千，金银货币，以助军资。于时困匮，赖以复振，亦肃指囷之类也。知《管子》谓丁氏之粟足食三军之师，为不诬矣。然用财贵得其当，刘备、周瑜，皆末世好乱之士，助之果何为哉？

奖率三军，臣职是当[①]

《三国志·诸葛亮传》：建兴五年，亮率诸军北驻汉中，临发，上疏曰："今南方已定，兵甲已足，当奖率三军，北定中原。"及马谡为张郃所破，亮还汉中，上疏请自贬曰："《春秋》责帅，臣职是当。"《华阳国志》作"帅将三军，职臣是当"。皆较优。《三国志》文盖讹误。

如其不才，君可自取[②]

蜀先主谓诸葛亮曰："若嗣子可辅，辅之；如其不才，君可自取。"（《三国志·诸葛亮传》）世皆以为豁达大度推心置腹之言，实亦不然也。孙策临亡，以弟权托张昭。《吴志·张昭传》注引《吴历》曰："策谓昭曰：'若仲谋不任事者，君便自取之。正复不克捷，缓步西归，亦无所虑。'"其言与备亦何以异？董昭建议："宜修古建封五等。"太祖曰："建设五等者，圣人也，又非人臣所制，吾何以堪之？"昭曰："自古以来，人臣匡世，未有今日之功；有今日之功，未有久处人臣之势者也。"（《三国志》本传）此乃明白晓畅之言，势之所迫，虽圣人将奈之何哉？菁华已竭，褰裳去之，为是言易，欲行是事，不可得也。古来圣贤豪杰有盖世之才

① 本篇选自吕思勉著《论学集林·蒿庐札记》（第739页）。
② 本篇选自吕思勉著《论学集林·蒿庐札记》（第739～740页）。

智，卒不能自免于败亡以此。

马　钧[①]

古今巧士，莫过马钧。然裴秀难之，曹羲复与之同，何哉？傅玄之说羲曰：马氏所作，因变而得。是则初所言者，不皆是矣。其不皆是，因不用之，是不世之巧，无由出也。曰“因变而得”，曰“初所言者不皆是”：则钧之所就，亦皆屡试而后成；而试之无成者，亦在所不免。度秀、羲等必以是而忽之也。此固为浅见。然自来长于巧者，多短于言。巧者之所成就，多非其所自传，而长于言者传之，其人不长于巧也。不知其事之曲折，不著其屡试屡易之艰苦；而但眩其成就之神奇，遂若凡有巧制，皆冥思而得，一蹴而成矣。此古来备物致用立成器以为天下利者，其事之真，所以多无传于后也。

前人巧制，每多不传于后，浅者每咎后人之不克负荷，此亦不然。凡物之能绵延不绝者，必其能有用于时者也。三国之世，诸葛亮作连弩，而马钧欲五倍之；钧又欲发石车；亮又作木牛流马；时蜀又有李譔，能致思于弓弩机械；而吴亦有张奋（奋，昭弟子，见《昭传》），能造攻城大攻车。盖时攻战方亟，故军械及运粮之具，相继而兴也。天下一统矣，攻战无所复事；而运粮以当时之情形，亦无须乎木牛流马，则其器安得而传哉？不观今世所谓机械者之于穷乡僻壤乎？人力既贱，资本家斥资以购机械，

① 本篇选自《吕思勉遗文集》（下）（1997年版，第600～601页）。

其嬴曾不如用人力之为多也，则机械见屏矣。昔时巧制之不传，不与此同理乎？故机械之发明改革，实与群治相关。徒谓机械足以改革社会，亦言之不尽也。

关羽欲杀曹公[①]

《华阳国志·刘先主志》：建安五年，公东征先主。先主败绩，妻子及关羽见获。公壮羽勇锐，拜偏将军。初，羽随先主从公围吕布于濮阳，时秦宜禄为布求救于张杨。羽启公："妻无子，下城乞纳宜禄妻。"公许之。及至城门，复白。公疑其有色，自纳之。后先主与公猎，羽欲予猎中杀公，先主为天下惜，不听，故羽常怀惧。公察其神不安，使将军张辽以情问之。羽叹曰："吾极知曹公待我厚，然我受刘将军恩，誓以共死，不可背之，要当立功以报曹公。"公闻而义之。

案关羽壮士，与刘备誓共死，不肯背之，其夙心也，然其怀惧不安，则自以初求秦宜禄妻，而曹公自纳之，及尝欲杀曹公之故。

《三国志·关羽传》于此均未叙及，则情节漏略矣。注引《蜀记》与《华阳国志》之事略同，然但言公留宜禄妻，而羽心不自安，更不言羽因欲杀曹公而怀惧，情节亦为不全。羽初欲取宜禄妻，其当怀惧，固不如尝欲杀公之深也。惟云："猎中，众散，羽劝备杀公。"众散二字，又可补常璩之阙。知古人叙事，多不甚

① 本篇选自吕思勉著《论学集林·蒿庐札记》（第737页）。

密，欲求一事之真，非互相校勘不可也。

李邈[1]

《华阳国志·先贤士女总赞》云：李邈，字汉南，邵兄也。牧璋时，为牛鞞长，先主领牧，为从事。正旦命行酒，得进见，让先主曰："振威以讨贼，元功未效，先寇而灭，邈以将军之取鄙州，甚为不宜也。"先主曰："知其不宜，何以不助之？"邈曰："匪不敢也，力不足耳。"有司将杀之，诸葛亮为请，得免，为犍为太守、丞相参军、安汉将军。

建兴六年，亮西征，马谡在前，亮将杀之。邈谏，以为秦赦孟明，用霸西戎；楚诛子玉，再世不竞。失亮意，还蜀。

十三年亮卒（案：亮卒在十二年）。后主素服发哀三日。邈上疏曰："吕禄、霍禹，未必怀反叛之心，孝宣不好为杀臣之君，直以臣惧其逼，主畏其威，故奸萌生。亮身杖强兵，狼顾虎视，五大不在边，臣常危之。今亮殒殁，盖宗族得全，西戎静息，大小为庆。"后主怒，下狱诛之。

夫好恶之不可一久矣。今读《三国志》，诸葛亮为朝野所好，更无异辞，此岂实录乎？邈几为先主所诛，亮为请得免，则于亮非有私憾，其言如此，则当时同邈所危者，必不止一人也。特莫敢以为言，若有私议，则史不传耳。然邈则可谓直矣，纵不然其言，何至下狱诛之？后主之暗，亦可谓甚矣。岂邈素好直，怨者

① 本篇选自吕思勉著《论学集林·蒿庐札记》(第737～738页)。

孔多，而借此陷之欤？君子是以知直道之不见容也。

姜维不速救成都[1]

《三国志·姜维传》：维保剑阁拒钟会，“列营守险，会不能克。粮运县远，将议还归。而邓艾自阴平由景谷道傍入，遂破诸葛瞻于绵竹。后主请降于艾，艾前据成都。维等初闻瞻破，或闻后主欲固守成都，或闻欲东入吴，或闻欲南入建宁，于是引军由广汉、郪道以审虚实。寻被后主敕令，乃投戈放甲，诣会于涪军前，将士咸怒，拔刀砍石”。《华阳国志》则谓维未知后主降，谓且固城，素与执政者不平，欲使其知卫敌之难而后逞志，乃回由巴西出郪五城。

案维当诣会之后，犹欲杀会而复蜀，其无意于降魏可知。成都雄郡，邓艾孤军，安知后主之遽降？维既无意降魏，岂有不捧漏沃焦，与艾争一旦之命者？而顾迟曲其行，则常璩之言是也。王崇谓邓艾以疲兵二万入江油，姜维举十万之师，案道南归，艾为成擒，擒艾已讫，复还拒会，则蜀之存亡，未可量也。乃回道之巴，远至五城，使艾轻进，径及成都，兵分家灭，已自招之。其言允矣。

故知文武不和，未有不招覆亡之祸者也；而武人偏隘，欲望其休休尽匪躬之节，难矣。

---

[1] 本篇选自吕思勉著《论学集林·蒿庐札记》（第738～739页），按原稿补正。

孙策欲袭许[1]

孙策欲袭许之说，见于《三国·魏志·武帝纪》，又见于《吴志·策传》，《策传》且谓欲袭许迎汉帝。注引《江表传》，则谓“策前西征，陈登阴遣间使，以印绶与严白虎余党，图为后祸，以报陈瑀见破之辱（登，瑀从兄子）。策归复讨登军到丹徒，须待运粮，见杀”，《九州春秋》及《傅子》又谓“策闻曹公将征柳城，而欲袭许”，异说纷如。

夫策见杀在建安五年，而柳城之役在十二年。《九州春秋》及《傅子》之谬，不待辨矣。孙盛《异同评》谓：“策虽威行江外，略有六郡，然黄祖乘其上流，陈登间其心腹，且深险强宗，未尽归服，曹、袁虎争，势倾山海，策岂暇远师汝、颍，而迁帝于吴、越哉？”又谓“绍以建安五年至黎阳，策以四月遇害。而《志》云策闻曹公与绍相距于官渡，谬矣。伐登之言，为有证也”。其说是也。而裴松之谓：“黄祖始被策破，魂气未反，刘表君臣本无兼并之志……于时强宗骁帅，祖郎、严虎之徒，禽灭已尽，所余山越，盖何足虑。若使策志获从，大权在手，淮、泗之间，所在皆可都，何必毕志江外，迁帝于扬、越哉？”又谓“武帝建安四年已出屯官渡，乃策未死之前，久与袁绍交兵”，因谓策之此举，理应先图陈登，而不止于登，《国志》所云不谬，则误矣。刘表、黄祖，庸或不能为策患，江南之强宗骁帅，则虽处深险之区，实为心腹之疾，

① 本篇选自《吕思勉遗文集》（下）（第603～605页）。

策虽轻狡，岂容一无顾虑，即谓其不足为患？抑策并不知虑此。然以策之众，岂足与中国争衡，即谓袁、曹相持，如鹬蚌两不得解，策欲袭许，亦未有济，况徒偏师相接乎？淮、泗之间，岂足自立？策之众，视陶谦、袁术、刘备、吕布何如？若更远都江表，则义帝之居郴耳，岂足有济。况汉至献帝之世，威灵久替，扶之岂足有济？曹公之克成大业，乃由其能严令行，用兵如神，非真天子之虚名也。不然，因献帝而臣伏于操者何人哉？以曹公之明，挟献帝而犹无所用，而况于策乎？况以策之轻狡，又岂足以知此乎？

《吴志·吕范传》云："下邳陈瑀自号吴郡太守，住海西，与强族严白虎交通。策自将讨虎，别遣范与徐逸攻瑀于海西，枭其大将陈牧。"而《孙策传》注引《江表传》谓：建安二年，诏"以策为骑都尉，袭爵乌程侯，领会稽太守"。又诏与领徐州牧温侯布，及行吴郡太守安东将军陈瑀，共讨袁术。则瑀行吴郡太守，乃朝命，非自号也。传又言，"是时陈瑀屯海西，策奉诏治严，当与布、瑀参同形势。行到钱塘，瑀阴图袭策，遣都尉万演等密渡江，使持印传三十余纽与贼丹杨、宣城、泾、陵阳、始安、黟、歙诸险县大帅祖郎、焦已，及吴郡乌程严白虎等，使为内应，伺策军发，欲攻取诸郡。策觉之，遣吕范、徐逸攻瑀于海西，大破瑀，获其吏士妻子四千人。"案：策之渡江，本为袁术，汉朝命吏，如刘繇、王朗、华歆等，无不为其所逐。是时虽有与吕布、陈瑀同讨袁术之命，特权宜用之，非信其心也。有隙可乘，加以诛翦，夫固事理所宜。《吕范传》注引《九州春秋》曰："初平三年，扬州刺史陈祎死，袁术使瑀领扬州牧。后术为曹公所败于封丘，南人叛瑀，瑀拒之。术走阴陵，好辞以下瑀，瑀不知权，而又怯，不即攻术。术于淮北集兵向寿春，瑀惧，使其弟公琰请和于术。术执之而进，瑀走归下邳。”然则瑀实乃心王室者。陈登之结白虎余党，盖亦欲继其从父之志，戡翦乱人，非徒为雪家门之耻也。《张邈传》注引《九州春秋》言：登甚得江淮间欢心，有吞灭江南之志，孙策遣军攻登，再败，而迁为东城太守。孙权遂跨有江外。太祖每临大江而叹，恨不早用陈元龙计，而令封豕养其爪牙。则登之才，盖非刘繇、王朗等比，而任之不专，致使大功不竟，轻狡之子，坐据江外数十年，岂不惜哉。

边章、韩遂[1]

《后汉书·董卓传》云：“北宫伯玉等乃劫致金城人边章、韩遂，使专任军政，共杀金城太守陈懿，攻烧州郡。”注引《献帝春秋》曰：“凉州义从宋建、王国等反，诈金城郡降，求见凉州大人故新安令边允、从事韩约。约不见，太守陈懿劝之使往，国等便劫质约等数十人。金城乱，懿出，国等扶以到护羌营，杀之，而释约、允等。陇西以爱憎露布，冠约、允名以为贼，州购约、允各千户侯。约、允被购，约改为遂，允改为章。”

《三国志·魏武纪》：建安二十年，“西平、金城诸将麹演、蒋石等共斩送韩遂首”。注引《典略》曰：“遂字文约，始与同郡边章俱著名西州。章为督军从事。遂奉计诣京师，何进宿闻其名，

① 本篇选自吕思勉著《论学集林·蒿庐札记》(第 736 页)。

特与相见。遂说进使诛诸阉人，进不从，乃求归。会凉州宋扬、北宫玉等反，举章、遂为主，章寻病卒，遂为扬等所劫，不得已，遂阻兵为乱，积三十二年，至是乃死，年七十余矣。”又引刘艾《灵帝纪》曰：“章，一名元。”案元疑当作允。遂字文约，亦可见其本名约。宋建亦名扬，北宫伯玉亦名玉，盖边郡之事，传闻不能甚审，故名字或有异同也。

自建安二十年上溯三十二年，为灵帝中平元年，与《后书》本纪、《董卓传》俱合。何进之谋诛阉人，当在灵帝崩后，而《典略》云：“遂说进诛阉人。”即传闻不审之一证。然据《献帝春秋》及《典略》观之，则章、遂本不欲叛，似皆可信也。

张纯之叛①

《三国志·公孙瓒传》云：“光和中，凉州贼起，发幽州突骑三千人，假瓒都督行事传，使将之。军到蓟中，渔阳张纯诱辽西乌丸丘力居等叛，劫略蓟中，自号将军，略吏民，攻右北平、辽西属国诸城，所至残破。瓒将所领，追讨纯等有功，迁骑都尉。属国乌丸贪至王率种人诣瓒降。迁中郎将，封都亭侯，进屯属国，与胡相攻击五六年。丘力居等钞略青、徐、幽、冀，四州被其害，瓒不能御。朝议以宗正东海刘伯安既有德义，昔为幽州刺史，恩信流著，戎狄附之，若使镇抚，可不劳众而定，乃以刘虞为幽州牧。”案云瓒与胡相攻击五六年，则张纯之叛，不得在中平四年可

① 本篇选自吕思勉著《论学集林·蒿庐札记》（第735页）。

知。而《后书·灵帝纪》记纯、举之叛在是年。《后书·乌桓传》亦云“中平四年前中山太守张纯畔入丘力居众中者，以举称天子，纯称弥天安定王”，在是年也。《后书·瓒传》云：“中平中，以瓒督乌桓突骑车骑将军张温讨凉州贼，会乌桓反畔，与贼张纯等攻击蓟中，瓒率所领追讨纯等有功，迁骑都尉。”注云：“凉州贼即边章等。”案边章之叛，事在中平元年。明年乃命张温讨之，下距中平四年，决不足五六年，《后书》之说误也。（中平二年瓒或尝奉随张温讨边章之命，然张纯之叛，必不在此事之后。）《刘虞传》谓纯、举之叛，在凉州贼起之后，更不足信。

君与王之别[①]

《三国志·乌丸传》注引《魏书》曰：“常推募勇健能理决斗讼相侵犯者为大人，邑落各有小帅，不世继也。数百千落自为一部，大人有所召呼，刻木为信，邑落传行，无文字，而部众莫敢违犯。”《后汉书·乌桓传》本之，而曰“有勇健能理决斗讼者，推为大人，无世业相继，邑落各有小帅”云云。知《魏书》“不世继也”句，当在“邑落各有小帅”之上，今本误倒也。邑落小帅，君也，不可无，亦不能无。或禅或继，各当自有成法。大人则邑落所共推，犹之朝觐讼狱之所归也，有其人则奉之，无则阙。德盛则为众所归，德衰则去之。三代以前，王霸之或绝或续，一国之所以忽为诸侯所宗，忽云诸侯莫朝以此。

① 本篇选自吕思勉著《论学集林·蒿庐札记》（第740～741页）。

《三国志·鲜卑传》注引《魏书》述檀石槐事曰："乃分其地为中东西三部。从右北平以东至辽东，接夫余、貊为东部，二十余邑，其大人曰弥加、阙机、素利、槐头。从右北平以西至上谷为中部，十余邑，其大人曰柯最、阙居、慕容等，为大帅。从上谷以西至敦煌，西接乌孙为西部，二十余邑，其大人曰置鞬落罗、日律推演、宴荔游等，皆为大帅，而制属檀石槐。"此大人盖亦邑落所共推。而《后汉书》云："分其地为三部，各置大人主领之。"一若本无大人，而檀石槐始命之者，误矣。《魏书》于乌丸，述其法俗甚详，于鲜卑则甚略，以乌丸、鲜卑法俗多同，述其相异者，同者则不及也。然则鲜卑亦当数百千落乃为一部。而檀石槐三部，中部十余邑，东西各二十余而已。而其大人皆非一人，则大人侔于小帅矣。檀石槐之众，合计不过五六十落，安能称强北边？然则所谓十余邑二十余邑云者，乃其大人所治之邑，即中部有大人十余，东西部各有二十余耳。属此诸大人之邑落，自在其外。此诸大人者，乃一方之主，犹之周初周、召分陕，一治周南，一治召南。太公所治，则东至于海，西至于河，南至于穆陵，北至于无棣也。其后吴、楚称王，犹自各王其域，彼此各不相干。曰天无二日，民无二王，乃冀望之辞，非事实也。《魏书》又曰：自檀石槐死后，诸大人遂世相袭，则犹周衰而齐、晋、秦、楚不随之而俱替耳。

《魏书》及《后汉书》所谓大人，即后世所谓可汗，檀石槐乃大可汗也。越之亡也，诸族子或为王，或为君，滨于江南海上，服朝于楚。其为王者，犹之鲜卑之诸大人；楚之君则犹檀石槐也。蒙古自成吉思汗以前，哈不勒忽图剌皆有汗号，成吉思亦先见推为汗，后乃更见推为成吉思汗。其初称汗也，与哈不勒忽图剌同，犹是小可汗，后则大可汗矣。回纥诸部尊唐太宗为天可汗，则又驾于诸大可汗之上，虽其等级不同，其理则一也。

罢　社[①]

《三国志·王修传》："年七岁丧母，母以社日亡，来岁邻里社，修感念母，哀甚。邻里闻之，为之罢社。"案古人甚重社，安得罢之。所谓罢社者，盖古人恒因社以作乐，哀其念母而罢之也。此犹得"邻有丧，舂不相，里有殡，不巷歌"(《礼记·曲礼上》)之义。

吞　泥[②]

近世饥荒时，民或吞土以求免死，俗称之曰观音土。《三国·吴志·孙权传》注引《江表传》，言权攻李术于皖城，术闭门自守，粮食乏尽，妇女或丸泥而吞之（建安六年）。则汉世已有其事。

三国之校事[③]

所谓特务，并不是近代才有的，在距今一千七百余年前，就

---

① 本篇选自吕思勉著《论学集林·蒿庐札记》(第741～742页)。
② 本篇选自吕思勉著《论学集林·蒿庐札记》(第742页)。
③ 本篇选自《吕思勉遗文集》(下)，按原稿补正。

早已有了。《三国·魏志·高柔传》说："魏国初建，为尚书郎，转拜丞相理曹掾……迁为颍川太守，复还为法曹掾。时置校事卢洪、赵达等，使察群下。柔谏曰：'设官分职，各有所司。今置校事，既非居上信下之旨；又达等数以憎爱擅作威福，宜检治之。'太祖曰：'卿知达等，恐不如吾也。要能刺举而辨众事，使贤人君子为之，则不能也。昔叔孙通用群盗，良有以也。'达等后奸利发，太祖杀之，以谢于柔。"然校事之制，并未因之而废，所以下文说："校事刘慈等自黄初数年之间，举吏民奸罪以万数，柔皆请惩虚实；其余小小挂法者，不过罚金。"

到嘉平中，才因程昱、孙晓之言而废，《昱传》云："时校事放横，晓上疏曰：'……昔武皇帝大业草创，众官未备，而军旅勤苦，民心不安，乃有小罪，不可不察，故置校事，取其一切耳，然检御有方，不至纵恣也。……其后渐蒙见任，复为疾病，转相因仍，莫正其本。遂令上察宫庙，下摄众司，官无局业，职无分限，随意任情，惟心所适。法造于笔端，不依科诏；狱成于门下，不顾覆讯。其选官属，以谨慎为粗疏，以谖诇为贤能。其治事，以刻暴为公严，以循理为怯弱。外则托天威以为声势，内则聚群奸以为腹心。大臣耻与分势，含忍而不言；小人畏其锋芒，郁结而无告。至使尹模公于目下肆其奸慝，罪恶之著，行路皆知，纤恶之过，积年不闻。……今外有公卿、将校，总统诸署；内有侍中、尚书，综理万机；司隶校尉督察京辇；御史中丞董摄宫殿；皆高选贤才以充其职，申明科诏以督其违。若此诸贤犹不足任，校事小吏，益不可信。若此诸贤各思尽忠，校事区区，亦复无益。若更高选国士以为校事，则是中丞、司隶重增一官耳。若如旧选，尹模之奸，今复发矣。进退推算，无所用之。……曹恭公远君子，近小人，《国风》托以为刺；卫献公舍大臣，与小臣谋，定姜谓之有罪。纵令校事有益于国，以礼义言之，尚伤大臣之心，况奸回暴露，而复不罢，是衮阙不铺，迷而不返也。’于是遂罢校事官。”

魏国之建，事在汉献帝建安廿一年，为西元二一六年，嘉平为齐王芳年号，自二四九至二五三年，魏之任校事，约历四十年。

又《吴志·孙权传》：赤乌元年，“初，权信任校事吕壹，壹性苛惨，用法深刻。太子登数谏，权不纳，大臣由是莫敢言。后壹奸罪发露，伏诛，权引咎责躬，乃使中书郎袁礼告谢诸大将。”《朱据传》：“嘉禾中，始铸大钱，一当五百。后据部曲应受三万缗，工王遂诈而受之，典校吕壹疑据实取，考问主者，死于杖下，据哀其无辜，厚棺敛之。壹又表据：吏为据隐，故厚其殡。权数责问据，据无以自明，藉草待罪。数月，典军吏刘助觉，言王遂所取，权大感寤曰：‘朱据见枉，况吏民乎？’乃穷治壹罪，赏助百万。”嘉禾为权年号，自二三二至二三七年，其明年二三八，为赤乌元年。

用法之所最忌者，为于正式机关之外，别立机关；且出入任情，不本成法；程晓之言，可谓极其痛切了。魏武帝是很有明察之才的，《魏志·方技传》注引东阿王《辨道论》，说：“世有方士，吾王悉所招致，甘陵有甘始，庐江有左慈，阳城有郤俭……始等知上遇之有恒，奉不过于员吏，赏不加于无功，海岛难得而游，六黻难得而佩，终不敢进虚诞之言，出非常之语。”魏武帝的严明，确乎不甚容易；程晓说他检御有方，当非虚语，然仍不能不为赵达等所欺；像孙权的粗疏，就更不必说了。

程晓说任校事有伤大臣之心，而吕壹之诛，孙权使告谢诸将，则魏、吴之任校事，意实在于检察将吏的贪纵。从来丧乱之际，官方每多不饬，武臣纵恣尤甚，加以检察实为必要。然目的虽正，而手段不适，其招祸尚如此，若如近代法西斯主义者之所为，专为维持一己的威权地位起见，不恤用残酷之吏，肆暴虐于民，则是武曌之任周兴、来俊臣，明成祖之立东厂，其作风又在魏武帝、吴大帝之下了。

或谓法西斯主义者流，所行虽不适当，亦非无为国为民之心，未可一笔抹杀。这话我亦承认。但须知社会国家，关系重大，手段一误，流毒无穷，正未可以有为公之心，而冀人宽恕。昔人说：周公营洛阳为东都，说其地交通便利，有德易以兴，无德易以亡。秉政者正不可无此气度。所以不论我是该推翻的，不该过于防闲别人；即使我确能代表国利民福，反对我者系属捣乱之徒，我们对他，仍不宜过于压制，因为让他爆发一次，则其捣乱为众所共知，即为众所共弃，而大局也可以早入于正轨了。又况谁能代表国利民福，根本不易判定呢！

山　越[1]

山越为患，起于灵帝建宁中。(《后汉书·本纪》：建宁二年九月，丹阳山越贼围太守陈夤，夤击破之。)至后汉之末，而其势大盛。孙吴诸将，无不尝有事于山越者。(《三国·吴志·孙权传》：

① 本篇选自《吕思勉读史札记》(上海古籍出版社，2005年版，第640～645页)。

黄武五年，置东安郡，以全琮为太守，平讨山越。据琮本传，则前此已尝为奋威校尉，授兵数千人，以讨山越矣。权徐夫人兄矫，以讨平山越，拜偏将军。孙贲，袁术尝表领豫州刺史，转丹阳都尉，行征虏将军，讨平山越。顾雍孙承，为吴郡西部都尉，与诸葛恪等共平山越。黄盖，诸山越不宾，有寇难之县，辄用为守长，又迁丹阳都尉，抑强扶弱，山越怀附。韩当，领乐安长，山越畏服。蒋钦，尝为讨越中郎将。陈武庶子表，嘉禾三年，诸葛恪领丹阳太守，讨平山越，以表领新安都尉，与恪参势。董袭，尝拜威越校尉。凌统父操，守永平长，平治山越。朱治，丹阳故鄣人也，年向老，思恋土风。自表屯故鄣，镇抚山越。吾粲与吕岱讨平山越。均见《吴志》本传。徐陵子平，诸葛恪为丹阳太守，以平威重思虑，可与效力，请平为丞，见《虞翻传注》引《会稽典录》。以上皆明言其为山越者。其不明言为山越，而实与山越同者，则不可胜举。如《周泰传》云："策入会稽，署别部司马，授兵。权爱其为人，请以自给。策讨六县山贼，权住宣城，使士自卫，不能千人，意尚忽略，不治围落，而山贼数千人卒至。权始得上马，而贼锋刃已交于左右，或斫中马鞍，众莫能自定。惟泰奋击，投身卫权，胆气倍人，左右由泰并能就战。贼既解散，身被十二创，良久乃苏。"《周鲂传》云："贼帅董嗣负阻劫钞，豫章、临川并受其害。吾粲、唐咨尝以三千兵攻守，连月不能拔。鲂表乞罢兵，得以便宜从事。鲂遣间谍，授以方策，诱狙杀嗣。嗣弟怖惧，诣武昌降于陆逊，乞出平地，自改为善，由是数郡无复忧惕。"《钟离牧传》云："建安、鄱阳、新都三郡山民作乱，出牧为监军使者，讨平之。贼帅黄乱、常俱等出其部伍，以充兵役。"《陆凯传》云：弟胤，"为交州刺史、安南校尉。贼帅百余人，民五万余家，深幽不羁，莫不稽颡，交域清泰。就加安南将军，复讨苍梧建陵贼，破之，前后出兵八千余人，以充军用。"此等虽或言贼，或言民，实与言越者无别。以其皆与越杂处，而越已为其所化也。见后。）**张温、陆逊、贺齐、诸葛恪，特其尤佼佼者耳。山越所据，亘会稽、吴郡、丹阳、豫章、庐陵、新都、鄱阳，几尽江东西境。**(《孙权传》："策薨，以事授权。是时惟有会稽、吴郡、丹阳、豫章、庐陵，然深险之地犹未尽从。权乃分部诸将，镇抚山越，讨不从命。"《诸葛恪传》："恪求官丹阳，众议以丹阳地势险阻，与吴郡、会稽、新都、鄱阳四郡邻接，周旋数千里，山谷万重"云云。案江南本皆越地，越皆山居，故其蟠结之区，实尚不止此。特僻远之地，不必其皆为患；即为患亦无关大局，不如此诸郡者处吴腹心之地，故史不甚及之耳。是时南北交争，无不思借以为用。孙策之逐袁胤也，袁术深怨之，乃阴遣间使，赍印绶与丹阳宗帅陵阳祖郎，使激动山越，图共攻策。见《孙辅传注》引《江表传》。太史慈之遁芜湖也，亡入山中，称丹阳太守。已而进驻泾县，立屯府，大为山越所附。是孙策未定江东时，与之争衡者，莫不引山越为助也。策之将东渡也，周瑜将兵迎之。及入曲阿，走刘繇，策众已数万。乃谓瑜曰："吾以此众取吴会、平山越已足。卿还镇丹阳。"孙权代策，即分部诸将，镇抚山越，讨不从命。是孙氏未定江东时，视山越为劲敌；及其既定江东，仍兢兢以山越为重也。不特此也，孙权访世务于陆逊，逊建议："山寇旧恶，依阻深地。夫腹心未平，难以图远。"而权之遣张温使蜀也，亦曰："若山越都除，便欲大构于丕。"其欲亲征公孙渊也，陆瑁疏谏，谓“使天诛稽于朔野，山虏乘间而起，恐非万安之长虑”。则当江东久定之后，仍隐然若一敌国矣。以上所引，皆见《吴志》各本传。）无怪曹公以印绶授丹阳贼帅，使扇动山越，为作内应也（见《陆逊传》）。而吴人亦即思借是以谲敌。《周鲂传》云：“为鄱阳太守，被命密求山中旧族名帅为北敌所闻知者，令谲挑曹休。”鲂虽谓民帅不足仗任，事或漏泄，遣亲人赍笺七条以诱休；然其三曰：“今此郡民，虽外名降首，而故在山草，看伺空隙，欲复为乱，为乱之日，鲂命讫矣。”当时山越之强，可以想见。宜乎张温、陆逊、诸葛恪之徒，咸欲取其众以强兵也。（《逊传》云：部伍东三郡，强者为兵，羸者补户，得精卒数万人。《恪传》：自诡三年可得甲士四万，其后岁期人数，皆如本规。《温传》：孙权下令罪状温曰：“闻曹丕出自淮、泗，故豫敕温有急便出，而温悉内诸将，布于深山，被命不至。”然骆统表理温曰：“计其送兵，以比许晏，數之多少，温不减之，用之强羸，温不下之，至于迟速，温不后之，故得及秋冬之月，赴有警之期。”则温所出兵，已不为少矣。夫老弱妇女，数必倍蓰于壮丁。逊得精卒数万，恪得甲士四万，则总计人数，当各得二三十万。然《陈武传》言武庶子表，领新安都尉，与恪参势，在官三年，广开降纳，得兵万余人，则此等参佐之徒所得之众，又在主将所得之外。《逊传》言逊建议：“克敌宁乱，非众不济。”主大部伍，取其精锐，而《周瑜传注》引《江表传》，载黄盖欺曹公之辞曰：“用江东六郡山越之人，以当中国百万之众。”则吴之用山越为兵，由来旧矣。可见所谓山越者，不徒其人果劲，即其数亦非寡弱也。）夫越之由来亦旧矣。

乃终两汉之世，寂寂无闻，至于汉魏之间，忽为州郡所患苦、割据者所倚恃如此，何哉？曰：此非越之骤盛，乃皆乱世，民依阻山谷，与越相杂耳。其所居者虽越地，其人固多华夏也。何以言之？案《后汉书·循吏·卫飒传》曰："迁桂阳太守。先是含洭、浈阳、曲江三县，越之故地，武帝平之，内属桂阳。民居深山，滨溪谷，习其风土，不出田租。去郡远者，或且千里。吏事往来，辄发民乘船，名曰传役。每一吏出，徭及数家，百姓苦之。飒乃凿山通道，五百余里，列亭传，置邮驿，于是役省劳息，奸吏杜绝。流民稍还，渐成聚邑，使输租赋，同之平民。"云"习其风土"，则其本非越人审矣。诸葛恪之求官丹阳也，众议以丹阳地势险阻，"逋亡宿恶，咸共逃窜"。骆统之理张温也，亦曰："宿恶之民，放逸山险，则为劲寇，将置平土，则为健兵。"夫曰"逋亡"，曰"宿恶"，固皆中国人也。《贺齐传》曰："守剡长。县吏斯从，轻侠为奸，齐欲治之，主簿谏曰：从，县大族，山越所附，今日治之，明日寇至。齐闻大怒，便立斩从。从族党遂相纠合，众千余人，举兵攻县。齐率吏民，开城门突击，大破之，威震山越。"又曰："王朗奔东冶，侯官长商升为朗起兵。策遣永宁长韩晏领南部都尉，将兵讨升，以齐为永宁长。晏为升所败，齐又代晏领都尉事。升畏齐威名，遣使乞盟。齐因告喻，为陈祸福，升遂送上印绶，出舍求降。贼帅张雅、詹强等不愿升降，反共杀升。贼盛兵少，未足以讨，齐住军息兵。雅与女婿何雄争势两乖，齐令越人因事交构，遂致疑隙，阻兵相图。齐乃进讨，一战大破雅，强党震惧，率众出降。"夫能附中国之大族以为乱，且能交构于两帅之间，其名为越而实非越，尤可概见。（周鲂被命，密求山中旧族名帅以谲曹休，则并有旧族入居山中者。）盖山深林密之地，政教及之甚难。然各地方皆有穷困之民，能劳苦力作者，此辈往往能深入险阻，与异族杂处。初必主强客弱，久则踵至者渐多，土虽瘠薄，然所占必较广；山居既习俭朴，又交易之间，多能朘夷人以自利，则致富易而生齿日繁。又以文化程度较高，夷人或从而师长之。久之，遂不觉主客之易位。又久之，则变夷而为华矣。此三国时山越之盛，所以徒患其阻兵，而不闻以其服左衽而言侏离为患；一徙置平地，遂无异于齐民也。使其服左衽而言侏离，则与华夏相去甚远，固不能为中国益，亦不能为中国患矣。然则三国时之山越，所以能使吴之君臣旰食者，正以其渐即于华，名为越而实非越故。前此史志所以不之及者，以此辈本皆安分良民，蛰居深山穷谷之中，与郡县及齐民，干系皆少，无事可纪也。此时所以忽为郡县患者，则以政纲颓弛，逋逃宿恶，乘间恣行故耳。亦以世乱，阻山险自保者多，故其众骤盛而势骤张也。然溯其元始，固皆勤苦能事生产之民，荒徼之逐渐开辟，异族之渐即华风，皆此辈之力也。

古书简略，古人许多经论，往往埋没不见，是在善读书者深思之。诸葛恪之求官丹阳以出山民也，众议咸以为难。以为"丹阳地势险阻，与吴郡、会稽、新都、鄱阳四郡邻接，周旋数千里，山谷万重，其幽邃民人，未尝入城邑，对长吏，皆仗兵野逸，白首于林莽。逋亡宿恶，咸共逃窜。山出铜铁，自铸甲兵。俗好武习战，高尚气力，其升山赴险，抵突丛棘，若鱼之走渊，猨狖之腾木也。时观间隙，出为寇盗。每致兵征伐，寻其窟藏。其战则蠭至，败则鸟窜，自前世以来，不能羁也。"即恪父瑾闻之，亦以事终不逮，叹曰：“恪不大兴吾家，将大赤吾族也！”而恪盛陈其必捷。其后山民相携而出，岁期人数，皆如本规。（恪为丹阳太守，讨山越，事在孙权嘉禾三年八月；其平山越事毕，北屯庐江，在六年十月。见《权传》。）问其方略，则曰“移书四郡属城长吏，令各保其疆界，明立部伍，其从化平民，悉令屯居。乃分纳诸将，罗兵幽阻，但缮藩篱，不与交锋，候其谷稼将熟，辄纵兵芟刈，使无遗种”而已。读之，亦似平平无奇者。然以分据之兵，卫屯聚之民，当好武习战必死之寇，至于三年，而能使将不骄惰，兵不挫衄，民不被掠；且山民当饥穷之时，必不惜出其所有，以易谷食，而恪能使“平民屯居，略无所入”；其令行禁止，岂易事哉？恪之治山越，德意或不如清世之傅鼐，其威略则有过之矣。

《后汉书·抗徐传》（附《度尚传》）曰：“试守宣城长，悉移深林远薮椎髻鸟语之人，置于县下。由是境内无复盗贼。”此所谓“盗贼”，即山越之流也。古人入夷狄者，大率椎髻，不足为异。云“鸟语”则必不然。果皆鸟语，安能徙置县下。徐所徙，盖亦华人之入越地者耳。《后汉书》措辞，徒讲藻采，不顾事实，难免子玄妄饰之讥矣。

《史记·秦始皇本纪》：三十三年，“发诸尝逋亡人、赘婿、贾人略取陆梁地。”《正义》曰：“岭南之人多处山陆，其性强梁，故曰陆梁。”案《尔雅·释地》：“高平曰陆。”而《春秋》时晋有高梁之虚，楚沈诸梁字子高，则梁亦有高义。疑“陆梁”是复语，《正义》分疏未当也。华阳之地称梁州，盖亦以其高而名之。《太康地记》曰：“梁州，言西方金刚之气强梁，故名。”（《尔雅·释地释文》引）亦近望文生义。蜀以所处僻远，不习战斗，故其风气最弱。读司马相如《喻巴蜀檄》可知，何强梁之有？

乱离之世，民率保据山险，初不必百越之地而后然。特越地山谷深阻，为患尤深，而平之亦较难耳。《魏志·吕虔传》："领泰山太守。郡接山海，世乱，闻民人多藏窜。袁绍所置中郎将郭祖、公孙犊等数十辈，保山为寇，百姓苦之。虔将家兵到郡，开恩信，祖等党属皆降服，诸山中亡匿者尽出安土业。简其强者补战士，泰山由是遂有精兵。冠名州郡。"此所谓亡匿山中者，亦南方山越之类也。又《杜袭传》："领丞相长史，随太祖到汉中讨张鲁。太祖还，拜袭驸马都尉，留督汉中军事。绥怀开道，百姓自乐出徙洛、邺者，八万余口。"云乐出，则其初亦必亡匿山谷矣。

山越当三国时大致平定，然未尝遂无遗落也。《晋书·杜预传》：平吴还镇，"攻破山夷"。山夷即山越也。《陶侃传》：屯夏口。"时天下饥荒，山夷多断江劫掠。侃令诸将诈作商船以诱之。劫果至，生获数人，是西阳王羕左右。侃即遣兵逼羕，令出向贼，侃整陈于钓台为后继。羕缚送帐下二十人，侃斩之。自是水陆肃清，流亡者归之盈路，侃竭资振给焉。又立夷市于郡东，大收其利。"夫至藩王左右杂处其中，且能诣郡与华人交市，其非深林远薮、椎结鸟语之徒明矣。永嘉丧乱以来，北方人民，亦多亡匿山谷者，以其与胡人杂处也，亦称为山胡；迄南北朝，未能大定，亦山越之类也。

《隋书·苏孝慈传》："桂林山越相聚为乱，诏孝慈为行军总管击平之。"(《北史》同)《唐书·裴休传》："父肃，贞元时为浙东观察使。剧贼栗锽，诱山越为乱，陷州县。肃引州兵破禽之，自记《平贼》一篇上之，德宗嘉美。"《旧唐书·王播传》：弟起，起子龟，咸通十四年，“转越州刺史、浙东团练观察使。属徐泗之乱，江淮盗起。山越乱，攻郡，为贼所害。”又《卢钧传》：“为广州刺史、岭南节度使。山越服其德义，令不严而人化。”此等山越，未必魏晋屯聚之遗，特史袭旧名名之耳。然其与华人相杂，则前后如出一辙。《旧书》言卢钧之刺广州也，先是土人与蛮僚杂居，昏娶相通，吏或挠之，相诱为乱。钧至，立法，俾华夷异处，昏娶不通；蛮人不得立田宅。由是徼外肃清，而不相犯焉。三国时之山越，乃华人入居越地，此则越人出居华境，其事殊，然其互相依倚，致成寇患则一也。一时之禁令，岂能遏两族之交关，久而渐弛，可以推想。凡此等，皆足考民族同化之迹也。